정법을 말하다

정법을 말하다 제3권 '나'를 찾아서

초판 1쇄 발행 2014년 12월 6일
초판 2쇄 발행 2015년 1월 3일

발행처 도서출판 정법시대
등록번호 제2010-000194호
주소 서울시 용산구 용산동 5가 서빙고로 67 파크타워 103동 507호
전화 02.2272.1204 / **팩스** 02.2051.1203
YouTube www.youtube.com/jungbub2013
홈페이지 www.jungbub.com
카페 www.jungbubcafe.com

ISBN 979-11-86159-01-9(04100)
ISBN 979-11-86159-00-2(세트)
*저작권자와의 협의에 의해 인지를 붙이지 않습니다.

정법을 말하다

제3권

'나'를 찾아서

眞 政

일러두기

책에 수록된 내용은 2011년 11월부터 유튜브에 올린 강의 중 일부를 선별하여
정리한 것입니다. 그 자료가 워낙 방대하기에 시간적 배열과 상관없이
그 중요성을 감안하여 차트별로 배열하였습니다.

질문자에 맞추어 강의를 한 것이기에 다소 중첩된 부분들이 들어있습니다.
하지만 그 부분 역시 그 질문에 충실한 답이 되기 위해서는
반드시 필요한 내용들이기에 이 점을 감안하여 편집하였습니다.

강의 내용을 글로 옮긴 것으로 최대한 강의 내용에 벗어나지 않도록 하기 위해
단어 선택에 있어서도 원문을 그대로 인용하였기에
표준어가 아닌 단어들도 많이 들어있음을 양지하시기 바랍니다.

차례

화가 아예 나지 않으려면 006

가족에게 닥친 어려움 022

'나'를 찾아서 030

어제 정보로 오늘 사람을 대하지 마라 056

남 탓하지 마라 066

신 명퇴자 074

1인 창업 108

01

화가 아예 나지 않으려면

QUESTION

불교에서 말하는 인욕에 대한 질문을 드리겠습니다. 상대가 모욕적인 말을 하거나 거슬리는 행동을 하면 살짝 화가 치밀어 오릅니다. 그런데 이 화도 스승님 강의를 듣기 전에는 치밀어 오르는 정도가 100이었다면 지금은 20정도로 줄어들었습니다. 그렇지만 이 마저도 아예 일어나지 않았으면 하는데, 어떤 마음가짐으로 공부하면 될까요?

우리가 화를 삭인다 그러지요? 화를 삭이는 것은 임시로 내가 누르는 것입니다. 화를 안 나게 하려면 두 가지 방법이 있습니다. 화를 아예 안 나게 하거나, 화가 났다면 이를 다스릴 수 있는 방법을 아는 것입니다. 그러려면 '내가 왜 화가 나는지' 이 원리를 알아야 됩니다.
화는 참는다고 해서 없어지는 것이 아니라, 이런 원리를 알게 되면 화낼 이유가 없어지는 겁니다.

상대가 어떤 이야기를 할 때, 나한테 안 좋은 소리를 하면 화가 나죠, 다들 그렇죠? 그러니 왜 안 좋은 소리를 하는지, 이 원리를 우리가 좀 잡아 봐야 돼요.

내가 평소에 옳다고 생각하며 살았지만, 옳지 않게 산 것이 있다는 거죠. 잘못 살았던 것들이 작은 양이지만, 조금씩 조금씩 나오는데 그것이 에너지로 쌓여요. 나도 모르게 했던 것들이 소멸되지 않고 이 세상에 정확하게 쌓인다는 사실입니다. 여기에 또 작은 잘못들이 자꾸 쌓이니까, 나중에는 문리(文理)가 일어나요. 문리가 일어날 때, 상대가 나에게 나쁘고 흉스러운 말을 하면서 가르쳐 주는 겁니다.

처음에는 흉스러운 이야기만 들어오죠. 이런 걸 모르고 계속 무시해 버리고 가면 양이 더 크게 쌓여서 엄청나게 화를 낼 수밖에 없는 사고가 일어나요. 잘못한 것들이 자제력을 잃을 정도로 쌓이면 그런 일들이 일어난다는 거죠. 그러니까 상대가 나를 화나게 한다는 것은 나를 돕는 거예요. 즉, 나 자신의 상태를 가르쳐 주고 있는 거죠. 그래서 잘못이 적게 쌓였을 때 나를 바로 잡아야 합니다.

상대가 나를 화나게 하면 내가 어려워요, 상대가 어려워요? 상대가 나한테 안 좋은 말을 하여 내가 화나면 내가 어렵지, 상대가 어려운 게 아니에요. 이때 내가 어려운 게 몇 %고, 상대가 몇 %냐? 여기에 3:7의 법칙이 적용됩니다. 욕을 들어먹고, 안 좋은 소리를 듣고 화내는 나에게도 70% 잘못이 있고, 그 역할을 하러 온 상대에게도 30%의 잘못이 있습니다. 그래서 상대도 그 역할을 하러 온 거예요. 그런데 이런 법칙을 모르고 상대가 안 좋은 소리를 전달하면서 자칫 잘못하면, 나한테 봉변을 당하게 되는 겁니다. 그러나 그 사람은 나만큼은 화가 나지 않습니다. 우리가 분별치 못했던 것이지, 대자연의 법칙은 정확하게 운용됩니다.

상대가 나한테 화나는 말을 했을 때, '아, 내가 이런 말을 들을 만큼 뭔가 조금씩 잘못 산 것들이 녹아서 쌓여 있었구나' 하며 자신을 돌아보세요. 그렇게 그 말을 듣고 미안한 마음을 가지고, 나의 잘못임을 알아차릴 수 있다면 앞으로 발전하는 데에 큰 도움이 된다, 이 말이죠.

남이 나를 욕할 때 자꾸 화를 내고 있으면 엄청나게 화내야 될 일들이 닥쳐옵니다. 이건 미련한 겁니다.
상대가 나한테 그런 역할을 하러 왔음을 알아야 합니다. 지금은 그동안 살아온 습관이 있다 보니까 갑자기 화가 날지 몰라도 빨리 정리해서 그 상대에게 고마워할 줄 알아야 합니다. 물론 지금 당장은 어떻게 고마워하겠어요? 그러나 시간이 조금 지나서 진정되고 나면 그 사람을 욕하지 말고, 책망하지 말고, 고맙게 생각하는 이런 마음으로 돌아가야 합니다.

그렇게 하지 않고 그 사람을 계속 욕하고, 탓하고만 있으면 어려움을 다시 겪게 됩니다.

어느 시간까지는 대자연이 지켜 보고 있기 때문에 어려움을 안 겪어요. 그런데 시간이 좀 지났는데도 자꾸 그 사람을 탓하고 내 잘못을 느끼지 못하면, 엄청난 어려움이 몰려와 나를 때리게 된다는 말이죠. 이렇게 풀어 주면 많은 사람들이 경험했기 때문에 이해가 갈 거예요.

Question

그런데 상대가 화를 낼 때 '아, 저 사람이 나한테 화가 좀 났겠구나' 하고 이해되면 화가 안 나거든요. 그럴 때는 어떻게 생각을 잡으면 되는지요?

저 사람이 화가 났으니까 '아, 화가 났겠구나'로 끝내 버리면, 내 공부는 안 된 거죠. '그랬겠구나' 하는 것은 안 돼요. 그래서 이 원리를 가르쳐 주는 겁니다.

상대가 나한테 화를 내면 내가 직접적으로 그 사람에게 화를 낼 수 있는 행동을 안 했더라도, 어딘가에 조금씩 조금씩 잘못한 부분이 있을 것이라는 생각을 해야 합니다. 지금은 내가 이해를 못하더라도 이 원리를 알고 나면 화가 났다가도 조금 가라앉게 됩니다.

이 말이 이해가 된다면, 이걸 상기하면서 '아, 그럴 수도 있겠다'라고 생각하고, 그 문제를 나한테 끌고 들어와야 합니다. 다시 말해, '나에게 나쁜 버릇이 조금이라도 있는 것들을 만져 봐야 되겠다'라고 생각하며 내 자신의 문제로 싹 돌려야 한다는 겁니다.

그러면 어떠한 일이 일어나느냐?
그때부터 남을 욕하지 않게 됩니다. 남을 탓하지 않아요. 그러니 이제부터 나에게 어려움이 오지 않고, 내 자신을 돌이켜 보며 공부를 하려고 하기 때문에 대자연이 돕기 시작합니다. 하느님이 나를 돕는다, 이 말이죠. 신들이 나를 돕기 시작하고 좋은 일이 일어나기 시작합니다. 이렇게 해서 내 삶이 좋아져야 됩니다.

우리가 자꾸 나빠지려고 인생을 사는 게 아니거든요. 조금 기분 나쁘다고 해서 화를 내고 나면 내가 좋아질 것 같지만 절대 아니에요. 화가 쌓여 더 크게 나빠진다는 사실입니다. 화가 난다면 그 원인을 나한테 끌고 와서, 내 잘못을 발견하는 노력만 해도 조금씩 좋아지는 거예요. 그래서 남을 탓하고 욕하는 자, 정확하게 어려워지는 것을 잊지 말고 남 흉보지 말고 남 탓하지 말고 남 욕하지 말아야 합니다.

우리에게는 그런 권한이 주어지지 않은 것을 모르고 행동하는 거예요. 대자연에서는 그런 권한을 주지 않았어요. 상대가 나에게 어떠한 행동을 할 수 있는 권한은 있지만, 내가 상대를 뭐라 할 수 있는 권한은 없어요.
그런데 주어지지 않은 권한을 지금 우리가 행사하기 때문에 조금씩 더 어려워지는 겁니다. 대자연으로부터 받은 좋은 조건을 조금씩 더 빼앗겨 버리는 꼴이 나는 거예요.

Question

깔끔한 사람, 허접한 사람, 눈치나 재치가 있는 사람과 없는 사람, 부지런한 사람, 잘하지만 게을러서 안 하는 사람 등 여러 분류의 사람들이 있습니다. 이렇게 성향이 다른 사람과 서로 대하다 보면 갈등이 해소가 잘 안 되는 부분이 많습니다. 이 부분에 대해서 명쾌한 답을 부탁드립니다.

혼자 있으면 절대 이런 일이 안 생깁니다. 그런데 둘이 있으면 이런 일이 있죠. 세 명이 있으면 좀 더 복잡해집니다. 열 명이 있으면 한참 더 복잡해지기 시작을 하죠.
사람은 저마다의 소질이 있고, 특기가 있고, 장점과 단점이 있습니다. 그런데 어떤 사람이 게으르다 해서 쓸모가 없는 사람으로 보이지만, 어떤 면에서는 쓸모 있는 일을 합니다. 그래서 이걸 장점으로 써야 합니다. 하나의 구성원으로서 큰 역할을 한다는 사실이죠. 그러니 상대가 게으른 것을 탓하지 말아야 합니다.

만일에 인원이 좀 많은 단체에서 단체생활을 할 때, 어떤 사람이 여기에서 도가 넘치게 게으르다? 그렇게 되면 이 사람은 결국 그 자리에서 오래 못 있고 떠나게 됩니다. 걱정을 안 해도 돼요. 스스로 그런 일이 생긴다는 거죠. 이것도 3:7의 법칙으로 일어납니다. 30% 게을러서는 절대 떠나지 않아요. 60% 게을러 목에 꽉 차 보여도 떠나지 않아요. 그런데 70%를 넘었다? 그러면 스스로 떠날 일이 생깁니다. 분명한 선이 있다는 거죠.

우리가 잘못을 해도 잘못하는 것에는 선이 분명하거든요. 30%의 잘못은 그 주위에서 해소해도 될 만한 힘이에요. 그런데 70%가 넘어서면 해소가 안 됩니다. 거기서 자동으로 뽑혀 나갑니다. 그러니까 어지간한 일들은 좀 봐주면서 넘어가고, 그 대신 웃으며 대화할 때 같이 갈 수 있습니다. 이처럼 여러 가지 좋은 점과 나쁜 점이 같이 있다는 것을 알아야 합니다.

부지런하다고 해서 뭐든지 잘하는 게 아닙니다. 그리고 영리하다고 해서 뭐든지 잘하는 게 아니에요. 그래서 구성원이 될 때는 이런 구색, 저런 구색을 맞춰 놓고 너를 공부시키는 겁니다.
우리가 이런 원칙을 안다면 내가 조금 일을 많이 해서 손해본 것 같아도, 저 사람이 필요할 때가 꼭 있어요. 저 사람이 없으면 곤란해질 때가 있다는 말이에요. 그만한 몫을 하는 겁니다.
부지런한 사람은 부지런한 것 하나 때문에 어지간한 것은 다 묻어갈 수 있다는 장점이 있을 뿐이죠. 이렇게 모두 장단점을 가지고 있어요.

그런데 게으른 사람이 말하는 것마다 밉상 같은 말을 하거든요. 말도 고운 말을 안 해요. 말을 해도 꼭 남의 말에 토를 다는 것 같은 말을 해서 더 미움을 받거든요. 이것은 역할을 하는 거예요. 저 사람이 이 말을 안 하면 내가 이걸 깨칠 수가 없어요. 듣기 싫은 말을 하는 것은 나한테 꼭 필요한 거라는 말이죠.

지금은 화가 나지만, 조금 있다가 이 말을 상기해야만 합니다. 지금 공부가 들어오고 있는 겁니다. 모르고 그냥 지나치면 나쁜 에너지가 더 쌓여 큰 어려움이 올 수 있었을텐데, 상대가 싫은 말로 나를 일깨워 주는 겁니다.
바로 그때 '내가 지금 뭔가를 잘못 행동하고 있지는 않는가?', '내가 어떻게 했기에 저 사람이 이런 말을 하는 건가?' 하고 그 문제를 나에게 가지고 와서 나부터 잡아야 됩니다. 이래야 대자연에서 상(賞)이 내려오지, 저 사람을 3일이 지나도 계속 탓하고 있으면 이제부터 대자연이 딱 돌아앉습니다. 너를 칠 준비를 하거든요. 이러면 내가 손해를 보는 겁니다.

세상에 원인 없이 일어나는 일은 단 한 가지도 없어요. 이것을 잘 분석해서 나한테 약으로 쓴다면 나는 건강해지고 힘이 솟게 되는 일들이 일어나지만, 그렇지 않으면 힘이 돌아오지 않고 시간이 가면 갈수록 더 어려운 일이 다가옵니다. 지금 우리가 전부 다 그렇게 해서 어려움을 겪고 있는 거예요.

우리 국민들의 최고 약점이 뭐냐? 남의 일에 간섭을 하는 겁니다. 남이 하는 행동을 그냥 보고 넘어가지 못하는 것, 이게 우리 국민의 최고 약점입니다. 다른 건 다 좋은데 남의 일에 너무 간섭이 많다는 거예요. 그리고 남들 일에 너무 신경을 많이 쓴다는 얘기죠.

그래서 이 사람이 "너나 잘해라"고 하는 거예요. 너만 잘하면 이런 것들이 전부 다 불식되고 없어집니다. 내가 잘 안 하고 있으니 내 앞에 이게 자꾸 몰려오는 거예요. 그래서 끼리끼리 놀듯이, 어려운 사람은 어려운 사람끼리 몰려 살고, 지지배배 잘 지껄이는 사람은 지지배배 하는 사람끼리 자꾸 모이고, 남 탓하는 사람은 탓하는 사람끼리 똘똘 뭉쳐서 남 탓만 하다 보니 그 무리가 지금 다 힘들어지는 겁니다.

어떤 무리에 속해 있을 때, 그들이 나한테 나쁜 소리를 하지 않아도 남 탓을 많이 한다? 그러면 떠나세요. 무리에서 떠나면 너는 벌을 안 받습니다. 그러나 무리에 섞여서 끄덕끄덕해 주면 이것도 같이 노는 겁니다. 공범자가 된다는 말이죠.

어떤 자리에든 가면 '남 탓을 많이 하는 데인가, 남 칭찬을 많이 하는 데인가?' 이것부터 먼저 보세요. 그래서 남을 헐뜯고 탓하는 무리 속에 있다면 얼른 떠나세요. 외로워도 떠나세요. 안 그러면 같이 맞습니다. 공범이 되어서 같이 맞으면 참 억울해요. 이런 것을 두고 분별력이라고 하는 겁니다.

우리가 맑은 물에 섞여서 3년 있으면 저절로 맑아지고, 탁한 물에 3년 있으면 저절로 탁해집니다. 자신도 모르게 젖어 들어가는 거예요. "내가 거기에서 빠져나오면, 남을 헐뜯는 사람들이 어렵게 되지 않습니까?"라고 하는데, 충분히 어려워지게 내버려 두세요. 나만 좋으면 되는 겁니다. 그 사람들은 많이 어려워져야 정신을 차릴 거니까요. 그래서 아주 어렵도록 끌고 가거든요. 심하게 어려우면 절대 남 탓을 못해요. 먹고살기 바쁜데 어떻게 남 탓을 합니까? 남하고 어울리지도 못해요. 지금 벌어서 먹고살아야 되는데 어울려? 그 사람들은 지금 혼나고 있는 중이에요. 거기서도 못 빠져 나와 더 혼나고 있는 중이니까, 자기들끼리 아주 크게 혼나고 빨리 정신차리라고 나와 버리세요.

02
가족에게 닥친 어려움

QUESTION

다섯 번째 스승님을 뵙게 되어 아주 고맙게 생각합니다. 저는 동안거 중에 가족이 어려움을 겪게 되어 스승님께 여쭈어 보려고 합니다. 동안거 공부 중 가족들에게 심한 어려움이 찾아왔습니다. 흔히 말하는 삼재이기도 합니다. 차 사고가 크게 나서 손해배상도 많이 했습니다. 그리고 20년 전, 가족 중 한 사람이 복막염 수술 후에 무서운 장 유착 증상이 나타나 한 달에 두 번 입, 퇴원을 반복하고 의사는 수술을 권유하고 있습니다. 지켜보는 저의 마음은 너무나 아픕니다. 저희 가족처럼 많은 분들이 똑같은 아픔을 겪고 있다고 들었습니다. 스승님 강의에서, 어려움이 왔다면 더 열심히 공부하라고 하셨는데, 저희 가족이 어떻게 하면 예전처럼 건강을 되찾을 수 있을까요?

가족 중에서 어려움이 오니까 누가 마음이 아파요? 바라보는 사람, 그 사람이 아픈 겁니다. 어려움이 집안에 찾아온다는 것은 이때까지 잘못해 온 결과가 누적되어 나타나는 겁니다.

예를 들면 건강을 잘못 다스렸든지, 서로를 치는 말을 했다든지, 또 사회에 여러 가지 잘못한 것이 있다든지... 이렇게 조금씩 조금씩 모순된 행위를 했을 때, 오는 결과입니다. 즉, 이때까지 잘못을 누적시켜 온 결과가 오는 겁니다. 모순된 행위를 조금 했다고 해서 나한테 직접 사고가 나지는 않습니다. 사고가 나려면 작은 모순들이 모여 어느 정도 질량이 쌓여야, 그때 사고가 일어나는 것입니다. 오늘 사고가 나는 것은 오늘 잘못해서 일어나는 것이 아니라는 말입니다.

또 다른 예를 들어, 오늘 내가 우리 부인한테 화내는 것은 지금 화가 나서 부인한테 화내는 것이 아니고, 이때까지 모아 온 것에 지금 불을 붙여서 화를 낸 것입니다. 그런데 부인은 "저 양반이 화낼 일도 아닌 것 가지고 화낸다"고 하거든요.

집안에 지금 어려운 일을 겪고 있다면 잘못한 것이 이만큼 쌓여 있으니, 이것을 보고 우리는 공부해야 합니다.

또 여기서 생각을 잘못하면, 우리 시어머님이 아프니까 내가 병간호를 하면서 시어머님을 돕는다고 생각을 하는데 천만의 말씀입니다. 나는 거기에서 피눈물을 씹어 삼키고 공부를 해야 돼요. 시어머님을 안 아프게 하려 하지 말고 내 공부를 해서 나는 시어머님처럼 안 되려고 노력해야 합니다. 그것이 진짜 시어머니를 돕는 것이고 위하는 겁니다.

부모님이 아파서 병원에 있으니까 부모님을 위하는 것처럼 쫓아다니는데, 이것은 자식의 공부이기 때문에 부모가 아픈 것입니다.

부모님이 병원에 누워 있지 않으면 네가 정신을 못 차릴 것이니, 부모님을 쳐서 병원에 눕히는 거예요. 그렇게 해야만 네가 정신 차려서 무언가 새로운 생각을 할 것이 아닌가요? 대자연이 부모를 눕혀 놓았다는 것은 부모가 그 자식을 위해 역할을 하느라 고생하고 있다는 뜻이에요.
반대로, 부모를 깨우치게 하려면 자식을 두드려 팹니다. 이때 자식을 쳐도 못난 놈은 안 쳐요. 부모가 제일 아끼는 놈을 때리거든요. 그래야 부모가 정신이 바짝 들죠. 이렇듯 집안에서 일이 일어나는 것은 남아 있는 사람을 공부시키기 위해서예요.

아파서 병원에 실려 간 사람이 되게 어려울 것 같지요? 아픈 사람은 견딜 수 있을 만큼 아픈 거예요. 그러나 그 주위에서 뒷바라지하고 무언가 뒷감당을 하며 이겨내야 되는 사람이 더 어렵습니다. 병원에 누워 있는 것은 잠깐 아프기는 하겠지만, 누워 있으면 편해요. 돈을 벌어 오라고 조르는 사람이 있나, 어디 가서 일 안 한다고 뭐라 하는 사람이 있나... 지금 휴식시간을 갖는 겁니다.
장(腸)을 잘라 냈으면 휴식을 조금 더 해야 할 것이고, 다리 한 쪽을 많이 베어 냈으면 살이 다 올라 올 때까지 휴식을 해야 할 것이고... 그렇게 아픈 것은 치료하면 돼요. 그런데 그 뒷감당을 해야 하는 사람은 엄청나게 혼란스럽고 어려운 거예요. 환자는 따로 있다, 이 말입니다.

그러니까 우리가 '누구를 위한다, 집안을 위한다'는 생각을 하지 말고 정신 바짝 차려라, 이 말입니다. 이때는 '나한테 숙제가 왔구나'라고 생각하세요. 그런데 이것을 보고 있는 내가 지금 이 숙제를 못 푼다면 어려워지는 것은 당연한 겁니다.

병원에 누워 있는 사람은 남은 사람을 병원에 들락거리게 하며 공부시키는 것입니다. 그래서 이 공부를 안 하고 조금 있으면 그 사람은 나아서 병원을 나가지만, 이번에는 내가 병원에 누워야 돼요. 그러면 내가 또 수발을 받아야 된다는 말이지요. 그때는 양쪽 다 공부를 하자고 하는 겁니다.

내가 여기서 공부하고 깨쳐서 집안에 있는 아픈 사람들한테 "아! 내가 잘못한 것이 너무 많았다"고 조근조근 이야기하면 누워서 눈물을 줄줄 흘려가며 들어요. 아플 때는 말이 잘 들리는 법이거든요. 그렇게 깨달은 사람이 아픈 사람한테 이야기하고, 아픈 사람은 그걸 받아들이고 뉘우침의 눈물을 쏟으면 병이 낫습니다.

그렇게 하면 다시 화합해서 그런 환경을 만들지 않는 가족이 될 수 있습니다. 그런 기회를 우리한테 주고 있는 거예요. 그런데 미련을 팔면 차례차례 눕습니다. 그러니 미련을 떨면 안 됩니다.

우리가 이때까지는 모르고 겪었지만 이 사람이 대자연의 운용법을 가르쳐 주고 있으니, 지금부터는 어려움이 오는 것들을 한뜸한뜸 바로 잡아야 합니다. 하지만 전부 다 깨달아 사람이 바르게 되어야만 어려움을 풀어 주는 것이 아니고, 조금이라도 키를 잡아서 알고 갔을 때 그때부터 어려움을 풀어 주는 겁니다.

그래야 이제까지 어려웠던 것도 살살 풀려 가는 것이지, 엎친데 덮치고 덮친데 엎치면 엄청나게 고통스러워지는 것이지요. 지금이라도 늦지 않았습니다. 항상 지금이 시작점이에요.

YouTube 정법강의 2245강

03

'나'를 찾아서

QUESTION

저는 35세로, 오늘 디지털 세대들의 강의 자리에 참석하게 되어 영광입니다. 스승님께서 "나를 알면 남도 알 수 있고, 모든 것을 알 수 있다"라고 말씀하셨습니다. 그 말씀을 뒤집어 보면 나를 모르면 남도 모르고 모든 것을 알 수 없어, 분별과 지혜가 솟아나지 않는다는 것 같습니다. 개개인의 정신적 방황이나 고통의 근원이 '나'를 모르는 데에서 시작되는 것 같기에, 스승님께서는 '나'를 어떻게 찾으셨는지 궁금합니다.

'**나**'를 찾는 것은 이 시대의 '나'를 찾아야지, 전생에 내가 무엇이었는가를 찾을 필요가 없는 겁니다. 이런 걸 찾다 보면 평생을 헤매다가 그냥 죽어야 됩니다.

우리 디지털 세대들은 이제 이걸 풀어 줄 테니까 '나'를 찾지 마세요. 이게 답입니다.

'나'를 찾는 것은 언제부터 찾았느냐?
이 민족이 수천 년 전부터 '나'를 찾았습니다. 수행하는 사람들이 '나'를 찾으려고 노력을 했다, 이 말이죠. 그런데 지식을 갖춘 사람도 그랬어요. 지식을 갖춘 사람들도 다 수행자들이에요. 민초들과는 다른 사람들이다, 이 말이죠.
나라를 운용하는 사람들도 지식을 갖추면서 '나'를 찾기 위해 전부 다 노력을 했습니다. 지식을 갖추게 되면 '나'를 찾으려고 노력하는 겁니다. 이게 수천 년 동안 내려온 겁니다. 그런데 '나'를 지금까지 못 찾고 있는 거예요.

이 세상에는 '나'를 찾은 사람이 단 한 명도 없습니다. 이때까지 찾으려고 노력하고 있다는 것은 답이 안 나왔기 때문이에요. 한 사람만 깨우쳐 알고 나면 이 세상에 답이 나온 겁니다. 그렇기 때문에 이제는 그 자체를 공유하고 스스로 찾아가는 법칙을 전부 다 알게 되고 만질 수 있게 되어 있습니다. 그런데 '나'를 찾은 사람이 없었기 때문에 수천 년 동안 '나'를 찾으려고 노력을 하고 있었던 겁니다.

어떤 사람은 '나'를 찾았다고 말을 하는데, 잘 들어보면 자신만 찾은 거지, 우리를 찾지는 않았던 겁니다. 그러니까 나는 '나'를 또 찾는 거예요. 사람은 둘이 아니고 하나이며, 사람이 살아가는 목적도 하나이기 때문에 한 사람이 '나'를 찾은 것을 공유하면 다 같이 나를 찾게 된다, 이 말이죠.

우리는 이 시대에서 할 일을 할 수 있게끔 본연의 임무를 가지고 왔습니다.
그래서 앞으로 홍익인간들이 세상에 나오기 시작합니다. 홍익인간들이 세상에 태어났는데, 이 사람들이 성장하고 있었을 뿐이지, 아직까지 홍익인간으로 빛나는 일을 하지 않았고, 등장도 하지 않았습니다. 이게 우리 베이비부머들, 우리(디지털 세대들의) 부모님들이에요. 이분들이 이 세상의 홍익인간들입니다. 홍익인간 1대!
물론 아직까지 빛나는 일을 안 했으니까 홍익인간이라고 불러 주기가 조금 힘들겠지만, 이분들이 어떻게 태어났는지 미리 알아 놓으라고 그 근본을 가르쳐 주는 거예요.

2차 세계 대전 이전에 살던 사람들은 우리가 생각하는 패러다임과 다른 삶을 살았습니다. 우리 베이비부머들이 태어나기 전에 우리들의 부모님이자 선배들인 이분들이 살 때와 2차 세계 대전과 6.25 전쟁이 끝난 이후에 태어난 우리 베이비부머들의 삶은 확연히 다릅니다.
베이비부머는 전쟁에 시달리게끔 태어나지는 않았어요. 그 대신 인류에서 최고로 가난하고 폐허가 된 나라에서 태어난, 이 조건을 받아온 사람들이에요.

이 사람들이 코흘리개일 때 학교를 들어갔습니다.
국민학교 들어갈 때, 전쟁으로 폐허가 된 나라였기 때문에 엄청나게 살기가 힘들었습니다. 개떡도 하나 제대로 못 먹고살고, 검은 고무신 떨어진 것도 겨우 신고 학교 가야 되는 그런 시절이었습니다. 그때 이 사람들한테 무엇을 가르쳤냐면 "민족의 역사적 사명을 띠고 이 땅에 태어났다"라고 가르친 거예요. 이 말 디지털 세대는 안 배웠죠?

지금은 초등학생들도 옷을 잘 입고 다니죠? 비싼 아웃도어를 입는 애들도 있다면서? 그런데 그때는 아주 검은 옷만 입고 다녔어요. 그 옷에다가 뭘 닦느냐면, 코를 소매에다 닦으면서 다녔어요. 코를 얼마나 많이 흘렸는지… 머리에는 전신에 '이(머릿니)'라서 맨날 간지럽고. 전부 다 쎄까리(머릿니알) 잡는다고 난리가 나고. 그러나 눈만은 아주 뺀돌뺀돌(똘망똘망)했어요. 못 먹고사는 시절에 눈치껏 살아야 되니까요. 이 아이들을 가르치는데, 민족의 역사적 사명을 띠고 태어났다고 가르친 겁니다.

상상을 한번 해봐요. 그림을 한번 그려봐. 기가 찬 일이에요. 지금 만화 그리는 재주가 있는 사람들이 이런 걸 같이 이야기하며 상상력을 살려서 만화를 그리면 아주 대박칠 거예요.

그렇게 못 먹고 눈치껏 살아가는 이 코흘리개들한테 박정희 대통령의 훈시가 내려간 겁니다. 그게 국민교육헌장이에요.

'민족의 역사적 사명을 띠고 이 땅에 태어났다'고, '조상의 얼을 빛내야 된다'라고 했습니다. 재산도 안 물려줘 놓고... 또 '저마다 소질을 키우라'라고 했는데 저마다 소질이 있는 줄을 어떻게 알았겠어요? 코흘리개들은 이렇게 소매에 코 닦고 있는데. 안으로는 자주독립을 이룩하라고 하고, 밖으로는 인류공영에 이바지할 때라고 하면서 이것을 숙제로 내주고 외우라고 했어요. 국민교육헌장의 핵심이 이겁니다.

물론 이것뿐만 아니라 안에 다른 것도 많이 들어갔어요. 나중에 국민교육헌장을 인터넷에 치면 나올 거예요. 한번 읽어 봐요. 이런 걸 알고 읽어 보면 색깔이 다를 겁니다. 모르고 읽어 보면 "뭐, 이게 뭐야?" 이러지만, 이걸 알고 읽어 보면 달라집니다.

그 코흘리개들한테 이걸 외우라고 숙제로 시키는데, 이게 제법 길어요. 퍼뜩(빨리) 못 외워요. 이걸 못 외워 오면 종아리를 걷어 몽둥이로 때렸어요. 다른 숙제는 다 놔두고 이것만은 외워야 했습니다.

지금 이것을 우리가 바르게 풀어 보면, 엄청난 걸 요구하는 겁니다. '민족의 역사적인 사명을 띠고 이 땅에 태어났다'라고 하면서.

이걸 배운 사람들이 지금 베이비부머들이에요. 디지털 세대는 안 배웠어요. X세대는 조금 배웠죠. 그러나 숙제 해 오라고 몽둥이로 안 맞았습니다. 그리고 베이비부머 바로 윗 세대들은 그때 중·고등학교 다닐 때인데, 그분들도 몽둥이로 맞아가며 외우지는 않았죠. 그런데 베이비부머들만 몽둥이로 맞아가며 국민학교 때 그런 주입을 받은 거예요.

왜? 너희들이 홍익인간이기 때문입니다. 민족의 역사적

사명을 띠고 이 땅에 태어난 너희들이 성장해서 조상의 얼을 빛내야 된다고 가르쳤던 거예요. 그리고 저마다 소질을 개발하여 힘을 갖추어야 하고, 이 힘이 있어야 자주 독립이 되는 것이지, 지금은 독립이 된 게 아니라고 가르쳐 줬던 겁니다. 그래서 그 힘을 가지고 인류공영에 이바지할 때라고 말입니다.

이렇게 이야기하는 것은 너희들이 인류에 지도자로 등장해야 된다는 얘깁니다. 인류를 위해서 너희들을 불태워야 된다는 것을 어릴 때부터 가르친 거예요. 이 단어가 어떤 식으로 조물되어 나왔던 간에, 이 사람들을 몽둥이로 때리면서 주입을 시켰습니다. 다른 건 숙제 안 해 와도 몽둥이로 안 때렸는데 이것만은 몽둥이로 때리면서 가르쳤습니다.

어떤 사람들이기에 그렇게 했을까요? 이제 답을 살살 만져 보면 알 수 있겠죠. 이 사람들이 신지식인 1대입니다. 이들이 성장을 했을 때에는 어떤 일이 벌어져야 되기 때문에 대자연이 운용을 한 겁니다.

그래서 인류에 있는 모든 지식의 문물과 인류가 쓰던 방법을 이 나라로 다 가져다 넣습니다. 쌀 한 톨 없이, 지붕 따까리(뚜껑)도 없이 폐허로 만들어 세계에서 제일 못 살게 만들어 놓았어요. 이렇게 되면 주는 대로 얻어먹어야 됩니다. 그래서 납딱밀(납작밀) 한 포 주는 것도 받아먹어야 했습니다.

그리고 이것을 받아먹을 때 뭐가 들어왔느냐? 납딱밀(납작밀)만 들어온 게 아니고, 국제적으로 인류가 쓰던 문물이 하나 묻어 들어오는 겁니다. 초콜릿 하나 받아먹을 때 인류의 문화가 묻어 들어오고, 논리가 묻어 들어오고, 사고가 묻어 들어오고, 인류가 진리라고 하는 것도 묻어 들어온다, 이 말이죠. 그게 우리가 원조를 받고, 도움 받은 겁니다.

우리가 살기 위해서는 기술을 배워야 된다고 하면서 인류에 있는 기술 씨를 가지고 들어오기 시작합니다. 이 기술 씨는 우리 것이 아니에요. 국제사회가 희생 속에서 일으켜 낸 기술입니다. 이것을 이 나라에 가지고 들어왔던 거예요. 이런 것이 들어오면서 자기의 사고, 논리도 전부 다 가지고 들어온다는 얘기죠. 이처럼 국제사회가 쓰던 것을 지식이라고 우리는 다 가지고 들어왔습니다.

이것을 우리가 전부 다 흡수했던 거죠. 그렇게 하면서 이 사람들을 키워냈던 겁니다. 이게 지금 베이비부머들이에요. 이러한 모든 것이 하늘의 작업이었다, 이 말입니다.

지금 우리나라가 가지고 있는 기술이 얼마만큼 있느냐 하면 인류에 있는 기술 70% 즉, 첨단의 기술이 아닌, 나라가 일어서기 위해서 힘으로 받쳐야 될 기술들이 여기에 있습니다. 이 나라에 있다는 얘기지요. 삼천리금수강산, 그것도 한반도에, 그것도 남한에 그 기술이 다 들어와 있어요. 손바닥 만한 이 나라에 인류의 기술 70%가 들어와 있다는 얘깁니다.

지금 우리가 3D(Dirty, Dangerous, Difficult) 업종에 쓰는 기술들이 그때 초기에 들어온 기술들이에요. 이게 아직까지 우리나라에 있어요. 그다음 중공업이고, 그 위에 기술들이 그다음을 이루면서 이 사회에 근간이 되어 버티고 있습니다. 인류의 기술들이 지금 이 나라에 다 들어와 있는 거예요. 70%가 들어왔다는 것은 30%는 흐트러 놓고, 70%는 이리로 다 씨를 가지고 들어와서 이 나라에서 개발이 끝나 버린 겁니다. 기술이 완성되었다, 이 말이죠.

이 기술이 완성되기 전까지 국제사회에서 했던 말이 있었어요. "코리아 물건은 싼 맛에 쓴다"라고 했어요. 이 우수한 민족이 기술을 만지면 완성되는 것은 기본입니다. 이게 완성되기 전에 나오는 물건들을 처리하면서 국제사회에 나가는 게 수출에 이바지하는 겁니다. 기술이 있어서 물건을 만들어 팔려고 수출하기 시작하니까 국제사람들과 손을 잡게 되는 것이고, 그쪽 문화에 우리가 젖어야 되는 것이고, 이해를 해야 되는 겁니다. 왜냐? 그렇게 해야만 그 사람들이 물건을 받아 주게 됩니다.

이렇게 해서 우리가 국제적으로 모든 것을 손대기 시작합니다. 우리 민족으로서는 엄청난 사건이 일어난 겁니다.

우리는 이 나라에 오는 문물을 전부 다 배타하고 쇄국정책을 수천 년 동안 편 민족이에요. 그런데 이것을 한꺼번에 전부 다 열고 국제사회와 교류하고, 모든 문물이 이 나라에 다 들어올 수 있는 여건이 만들어진 게 바로 이때입니다. 2차 대전 이후로.
그리고 쇄국정책도 끝났다, 이거죠. 왜? 이 홍익인간들의 씨앗이 세상에 나왔기 때문에 더 이상 쇄국정책을 할 필요가 없어진 거죠.

모든 인류의 것을 이 해동대한민국에 다 끌어다 들여 이 사람들에게 경험하게 하고 그런 것을 전부 다 만지게 해서 공부를 시키는 과정이었습니다. 그렇게 해서 이 민족 신지식인 1대가 태어났던 겁니다.

우리 민족이 국제에 있는 모든 지식을 흡수하면서 지식을 갖춘 것은 천년만년 동안에 처음 일어나는 일이에요. 지금 이 자리에 있는 여러분들(디지털 세대)의 부모님들, 지금 50대들입니다. 그 아래에는 40대가 되고, X세대라고 합니다. 50대 베이비부머가 12년, 그러니까 지금 62세에서 51세까지이고(2013년 기준). 이 밑으로 12년이 X세대입니다.

베이비부머, 이 사람들이 신지식인 1대입니다. 인류에 이런 논리와 지식을 갖춘 것은 처음이거든요. 우리 민족으로서 처음입니다. 천지창조 이래로. 이런 일이 처음 벌어지는 거죠. 이 사람들이 지식을 갖추고 지천명(知天命)이 되는 50대가 될 때에는 홍익인간이라고 합니다. 지금 홍익인간 탄생시대가 열린 겁니다. 그런데 이 사람들이 자기 빛을 발하지 못해서 이 나라가 지금 표류하고 있는 겁니다. 신지식인들이고 엄청난 지식을 갖춘 이 사람들이 자기 빛을 발하지 못하고 실력을 발휘하지 못한다면 인류에 엄청난 손실이 되는 겁니다.

그리고 이 50대들이 '나는 누구인가' 이걸 전부 다 찾던 사람들이에요. 우리 민족이 어떤 한 시대부터 다같이 '나는 누구인가?' 궁금해 하고 찾기 시작했던 것은 처음 있는 일입니다. 그런데 그걸 못 찾은 겁니다. 못 찾다 보니까 이 사람들이 자라면서 오만 절에도 가 보고, 산에도 가 보고, 뭔가 수행도 해 보고, 지식을 갖추면서 뭔가를 이렇게 찾으려고 해 보던 시절이 있었어요. 꿈도 컸습니다. 태평양을 향해 저 멀리 날아보겠다는 꿈을 키우며 성장했는데, 찾다 찾다 지쳐 '나'를 못 찾고 나니까 이제 내가 누군지도 모르고 전부 다 주저앉기 시작을 한 게 지금 50대들입니다. 그러다 보니까 세상에 길을 못 열어 놓아 여러분들이 지금 길이 없는 거예요.

이 사람들이 누구냐? 이 민족의 진화 발전이 끝나는 마지막 혈통, 신지식인 1호, 홍익인간들. 이게 지금 베이비부머들입니다. 대를 잇기 위해서 자손을 낳고 살았던 수천 년간의 역사가 이것으로 깨지는 겁니다. 이렇게 홍익인간이 세상에 태어난 거예요.

그러면 이 사람들을 어떻게 교육시켰을 것인가? 이것은 하늘이 교육을 시킨 겁니다. 우리한테는 교육을 시킬 자료도 없었고, 인류의 문물이 들어와서 전부 다 우리가 이걸 만지는 게 우리 교육이었어요. 이것을 대자연이 스스로 시켰다, 이 말이죠. 그렇게 해서 우리는 다 자랐어요.
이제 홍익인간이 나와야 되는 후천시대를 맞이한 겁니다.
이게 2013년도입니다. 2013년도를 맞이할 때, 50대가 된 홍익인간들이 모두 지천명의 나이가 되어 버린 거죠. 지천명이 되면 하늘의 이치를 알고, 땅의 이치를 알고, 나 자신을 찾고 세상을 향해서 빛을 내야 됩니다. 이때를 지금 맞이한 겁니다.

그러면 '나'는 누구인가? 이제 이 원리들을 정리해 보면 나는 홍익인간임을 알 수 있습니다. 그런데 홍익인간들이 왜 빛을 발하지 못하고 있는가? 지식을 안 갖추어 놓은 게 아니고, 다 갖추어 놓은 지식에서 이게 따지지 않았기 때문입니다. 그래서 내가 누군지를 모르고 어떻게 살아야 될지 그 근본을 못 찾는 겁니다. 지식과 힘은 다 갖춰 놓았고, 재주도 다 갖춰 놓았고, 저마다 소질을 갖추어 놓았는데 이제 내가 무엇을 해야 될지 아무도 모릅니다. '나'를 모르기 때문이에요.
그래서 지금 이 사람이 가르쳐 주려고 나온 겁니다.

"너는 홍익인간이요, 나 또한 홍익인간이니라.
지금부터 우리가 인류의 역사를 바꾸어 놓을
그런 존재이니라"

이게 지금 '나'를 찾는 순간입니다. 지금 내가 누군지를 알아야 되는 겁니다.

"나는 홍익인간이다. 단의 자손으로서 인류의 문물을 전부 다 쓸어 마시고 지금 우뚝 성장했느니라. 그렇다면 나는 어떻게 살아야 될 것인가? 사람을 널리 이롭게 하는 삶을 살 것이니, 나를 불태워 사람을 널리 이롭게 하기 위해 살 것이다" 이렇게 되어야 홍익인간이라고 하는 거예요. 나 하나 먹고살기 위해 사는 것이 아니고 나를 불살라 사람을 널리 이롭게 하려고 사는 이런 이념을 가져야 됩니다. 그래야 네가 거듭날 수 있고, 동물에서부터 인간으로 환골탈태한다, 이 말입니다. 환골탈태는 그렇게 하는 거예요. 동물적인 삶에서 사람으로 살아 나가는 개념으로 바뀌는 순간이 온다, 이 말이죠.

'나'를 모르면 상대를 알 수 없는 겁니다. '나'도 모르는 게 상대를 어떻게 안다고 하느냐? 나 자신을 알면 "인류는 나의 백성들이요, 이 민족은 나의 형제들이라. 이 형제들이 힘을 합쳐서 인류의 백성들을 이끌고 나가야 되나니", 이게 지금 '나'를 찾는 순간입니다.

"너희들이 인류의 지도자들이고, 하늘의 천자들이고, 천손들이고, 하늘의 일꾼이다. 천명을 받아서 이 지상을 밝혀야 되는 민족의 역사적 사명을 띠고 이 땅에 태어났느니라" 이게 홍익이념이에요.

이 사람은 '나'를 찾는다고 17년 동안 산에서 쓰레기를 줍고 있었습니다. 산에 죽으러 들어갔는데 '나의 인생 값어치가 이렇게 쓰레기 같이 없었는가?' 하고 죽지 못하고 무릎을 꿇고 쓰레기를 주웠어요. 내가 얼마나 못났으면 사회로부터 버림받고 내가 죽으러 들어왔는가? 세상에 그렇게 잘났다고 한 내가, 이렇게 못났음을 스스로 깨달은 겁니다. '세상에 나하고 뜻을 맞출 사람이 없으니 나는 이 세상을 살지 않겠노라, 마지막으로 내 조국, 내 강산을 둘러보고 죽으리라' 하고 들어갔던 게 신불산인데, 들어가자 마자 강산을 둘러보지도 못하고 거기 처박혀서 그때부터 무릎을 꿇고 쓰레기를 주웠습니다. 천지도 모르고 내 자신도 모르는 내가 뭐가 잘났다고 세상에 껍적댔는지 그때부터 무릎을 꿇고 내 자신을 찾기 시작했어요.

'나는 누구인가? 왜 이 땅에 내가 존재했으며, 무엇 때문에 이 세상에 왔는가?' 그 되물음에 쓰레기를 주우면서 17년 동안 말 한마디 하지 않고 누구하고 대화도 하지 않고 버버리(벙어리)로 살았던 겁니다. 못났으니까 힘이 없고, 못났으니까 할 일을 할 수도 없고, 그래서 '나'를 찾기 시작한 것이 공부의 길로 들었던 겁니다.

이 사람은 공부하러 산에 들어갔던 게 아니고, 죽으려고 산에 들어갔는데 자연 속에서 스스로 공부를 할 수 있었던 그런 일이 벌어진 겁니다. 내 자신을 찾고 티 없이 무릎을 꿇어 반성하고 있을 때 대자연의 문이 열리고, 대자연을 보기 시작한 겁니다. '나'를 찾지 못하는 그 아픔을 쓸어안고

곡기를 끊고 입에 물도 대지 않고 수없이 죽었던 겁니다. '나'를 찾기 보다는 '세상에 내가 어떤 존재로 살았는가' 그런 자아반성이 있었습니다.

그리고 이건 나중에 알았던 것인데, 대자연에 스스로 내가 수긍하고 있으니 대자연도 하나가 되고, 모든 신계고 영계고 차원세계도 하나가 되고, 그 속에서 공부가 일어나기 시작했습니다. 천지창조가 어떻게 일어나고 우리는 어떤 존재며, 이 지상이 왜 이루어져 있으며 무엇을 하기 위해 존재하고 있는가. 이런 공부를 자연에서 하기 시작했고 차원세계를 들락거리면서 엄청난 일들이 일어난 것이 나도 모르게 스스로 자연의 공부를 하게 됐던 겁니다.

공부를 마치고 세상에 나올 때, 하늘에서 우레와 같은 소리로 이 사람의 몸을 쳤습니다. 그것이 천부경 81자입니다. 이 사람은 이 천부경 81자를 하늘의 소리로 온몸으로 받은 사람이에요. 이때까지 공부한 모든 것이 이 81자에 있었음을 그때 깨달았고, 이 천부경은 이 지상을 운용하는 법도

임을 알았고, 이것이 하늘의 경(經)임을 알았고 천손들이, 홍익인간들이 이제 이걸 수호해야 함을 알았어요. 그리고 인류를 이끌어 나가야 될 역사를 펼칠 홍익인간들이 탄생했음을 그때 안 겁니다.

거러지(거지)가 산을 떠나 세상을 둘러보기 시작을 하니, 홍익인간들이 세상에 나오기는 했는데 아무 일도 할 수가 없고 엉망진창인 세상이 만들어져 있었어요. 그래서 이 사람이 세상을 살핀 거예요. 살펴보니 너무 작품을 잘 만들어 놨어요. 이제부터는 일을 하면 되는데 그걸 누가 따줄 사람도 없고 길을 이끌어 줄 사람도 나오지 않으니, 다 멈추고 있는 것을 이 사람이 봤던 거예요. 우리 자손들도 잘 성장하고 있는데 길을 모르고 있으니 '이제 길을 열어 줘야 되겠다'라고 생각했던 겁니다. 이 나라는 힘을 갖추어 놨고, 우리 선배님들과 조상들의 희생 속에서 우리가 오늘 이 바탕을 살 수 있는 길이 열려 있는 겁니다.

1대 홍익인간들이 '나'를 깨치고 나를 불살라 인류를 위해서 살아 나간다면 X세대가 그 뒤를 따를 것이고, 디지털 세대들이 또 그 길을 따를 것이요, 그다음 디지털들의 자손들이 또 길을 따를 것입니다.

"우리는 둘이 아니고 하나였느니라.
홍익인간 삶의 시대가 열리느니라.
너희들은 홍익인간이고 천손이요,
사람을 널리 이롭게 하는데
나를 불살라 스스로 해탈해야 하느니라,
지도자 민족으로서 끊임없이 너를 갖추어야 되고
너를 일깨우는 날,
세상은 밝은 미래가 열릴 것이니라"

지도자 한 사람 한 사람이 그만큼 중요한 것입니다. 앞으로 우리 민족은 나를 위해서 살려고 노력하는 것이 아니라 홍익이념을 가지고 "나는 이 사회에 무엇을 할 것인가, 나라를 위해 무엇을 할 것인가, 인류를 위해 무엇을 할 것인가" 이런 이념 속에서 나를 키우고, 남을 위해서 사는 것이 내 삶은 스스로 살고 있음을 알아야 합니다.

"남에게 득 되는 일을 하고 있다면
너는 스스로 살아갈 것이요,
나 밖에 모르는 자는 자멸할 것이니라"

지금 우리가 어려운 이유는 남을 위해 나를 불태우는 게 아니고 내가 못살아 환장을 하니 살기가 점점 어려워지고 있는 것입니다. 미래의 후천개벽시대라고 하는, 2013년도부터는 정확하게 이것이 우리한테 적용되고 시대 법이 바뀌었음을 알아야 합니다. 당신들(디지털 세대)의 선배들이 '나'를 찾아서 바른 인생을 살면 당신들은 선배들을 존경할 것이고, 거기서 내 삶도 스스로 찾아지는 것이니, 너희들은 스스로 '나'를 찾기 위해서 고행을 걷지 않아도 됩니다. 그래서 선배들에게 감사해야 되고, 존경해야 되고, 선배들이 이 세상을 빛내는 길을 열고 나면 후손들이 그 뒤를 따라서 이걸 빛내면서 인류를 경영해야 되는 그런 젊은 이들로 성장해야 됩니다.

고생은 끝난 겁니다. 고행도 끝났고 도를 닦는 길도 끝났습니다. 도를 닦는 대장정이 이제는 막을 내린 겁니다. 앞으로는 도를 행하는 시대예요.

"공도사상(空道思想, 公道思想, 共道思想)을
바탕으로 사람을 널리 이롭게 하는
덕행을 실천할지어다"

우리 민족은 덕으로 사는 민족이에요. 이것이 우리의 역사고 문화입니다. 우리가 빛나게 살아야만 조상의 얼을 빛낼 수 있는 거예요. 조상에게 효도할 수 있고 부모님께 효도를 하는 것이다, 이 말입니다.

효도하는 것은 좋은 밍크코트를 사주는 게 아니에요. 우리가 즐겁게 사는 길을 열어 즐겁게 살면 조상님도 기쁘고 부모님도 기쁘게 되어 효를 행하게 되는 것이에요. 물질로는 효를 행할 수 없으므로 너의 삶을 즐겁게 하세요. 이것이 한 맺힌 조상님들의 한을 풀어 주는 것이고, 이것이 조상의 얼을 빛내는 것입니다. 우리 국민이 즐겁게 살아야 되는 이유가 바로 여기 있고 앞으로 이런 길이 열릴 것입니다.

이 나라는 희망이 없는 나라가 아닙니다. 이제부터 희망이 열리는 새천년을 맞이할 것입니다. 이 사람을 믿어도 됩니다. 이 나라가 크게 빛날 것이니까 앞으로 우리 젊은이들은 희망을 가지십시오.

YouTube 정법강의 1601-1603강

04

어제 정보로
오늘 사람을 대하지 마라

QUESTION

예전에 나쁜 감정으로 연락이 끊어졌던 사람을 요사이 다시 만나게 되었습니다. 이 사람을 어떻게 대해야 하는지요?

지금까지는 어제까지 알던 정보로 사람을 만났는데, 오늘 만나면 오늘부터 대해야 합니다. 이 원리가 왜 그러냐? 사람은 항상 변합니다. 오늘밤에 깨쳐서 내일 바뀔 수가 있어요. 또 오늘 누구를 만나서 뭔가 충격을 받아 바뀔 수가 있는 게 사람이에요.

어제까지는 도둑질도 하고 아주 나쁜 짓을 했어도, 오늘 내가 만났을 때부터 바뀐 상태가 될 수도 있습니다. 사람은 현재의 사람을 봐야지, 과거의 사람을 보고 지금 분별하면 안 됩니다.
과거는 오는 중이고, 과정입니다. 과정! 그래서 과거라고 하는 거예요. 과정은 항상 나은 삶을 살기 위해서 밟는 거예요.

예전에 만났을 때 나에게 아주 나쁜 짓을 했다고 해서 그 사람을 계속 그렇게 본다면, 그 잘못된 판단으로 내가 어려워집니다. 그 사람을 다시 만날 때에는 오늘 이야기를 해 보고, '오늘 내가 대화를 해 보니까 어떤가?', '내일은 또 어떻게 될 것인가?' 여기서부터 판단을 해야지... 과거의 것을 여기에 겹치지 마라, 이 말입니다. 그렇지 않으면 상대를 볼 수가 없고, 상대를 지금부터 느낄 수가 없어요. 관념에 잡혀 마음이 그 이상 열리지 않기 때문에, 상대를 편하게 해 줄 수도 없어요. 그리고 그 과정에서는 에너지가 딱 멈춘 상태가 되어 내 에너지가 좋아지지를 않습니다. 맑아지지 않는다는 말이에요.

사람을 왜 만나느냐 하면, 그 사람의 에너지를 나에게 전달하기 위해서 만나는 거예요. 내 에너지가 부족하니까, 그 사람의 에너지를 더 받기 위해서 만나는 겁니다.

최고 맑고 깨끗한 에너지는 사람을 통해서 온다는 사실이에요. 자연에서 주는 것은 30%밖에 없어요. 70% 에너지는 사람으로부터 오는 거예요.

그렇게 공급을 받았을 때, 내 탁한 에너지와 정체되어 있던 나의 각(覺)도 순환되고, 내 모자라는 에너지도 보충되어 더 나은 힘을 쓸 수 있어요. 그래서 사람을 만나는 거예요. 우리가 이 원리를 모르다 보니까 상대의 힘을 지금 못 쓰고 있는 겁니다.

상대가 이야기를 할 때, 내가 마음을 열고 받아들이면 내 기운이 업(up)이 되요. 탁한 말을 해도 내가 고맙게 받아들이면 탁한 기운이 아주 맑은 기운으로 다시 바뀐다는 사실이에요. 탁한 것은 기운이 무거워요. 무거우니까 에너지가 더 크겠죠. 이것이 들어와서 정화가 되면, 엄청난 에너지로 바뀐다는 말이죠. 그 기운을 사랑의 마음으로 받아들이면 내 기운이 업(up)이 되어 남한테 줄 수 있고, 나에게 기운을 주었던 상대에게 또 되돌려 줄 수 있어요. 이렇게 순환을 시키는 게 관세음보살이에요.

그러나 맑은 기운만 받는다면 기운이 작습니다. 탁한 기운은 뭉쳐 있기 때문에 기운이 커요. 이걸 순환시켜 쓸 수만 있다면 엄청난 힘을 쓸 수가 있는 겁니다. 그렇기 때문에 내 앞에 사람이 있다는 것은 엄청난 재산을 가지고 있는 겁니다. 그런데 이 기운을 바르게 못 쓰면 있으나 마나입니다. 그러니 사람을 대할 때는 진심으로 대하세요. 오늘의 그 사람으로 다시 봐주고, 어제 나쁘다고 편견했던 것도 '내가 잘못 본 것은 아닌가?' 하고 생각해야 됩니다. 과거에 나쁘게 본 것도 잘 풀어 보면 내 각으로 나쁘게 본 것이지, 그 사람이 나에게 나쁜 짓을 한 게 아니에요.

예를 들어, 사기친 사람과 사기 당한 사람 중 누가 더 마음이 아파요? 당연히 당한 사람이 더 아프죠. 그런데 우리는 사기친 사람을 미워했죠?
사기친 사람은 나를 일깨우려고 사기를 친 겁니다. 지금 깨우치지 않으면 내가 더욱 힘들게 됩니다. 그래서 이때 딱 맞게 와서 사기를 쳐요. 사자(使者)가 왔다는 얘기예요. 그런데 '내가 모자랐구나, 이걸 일깨워 주러 왔구나, 내가 조금 어렵기는 해도 그 사람이 참 고맙다, 내가 다시 시작을 하마' 이런 마음으로 그 사람을 미워하지 않고 고맙게 생각하며 내 일을 찾아 열심히 하다 보면, 잃어버린 것은 금방 와요. 이렇게 하면 지혜가 나오고 내 일이 잘되어 잃어버린 것은 금방 복구됩니다.

사기친 상대가 얼마나 고마운지를 알고 나면 이제는 누가 사기치러 오지 않아요. 내가 이렇게 성장하니까 사기치러 안 오는 겁니다. 왜? 올 이유가 없으니까 안 오는 거예요. 바르게 가고 있기 때문입니다. 그런데 사기를 쳤다고 그 사람을 막 미워하고 있으니까, 다른 쪽을 생각하지 못해요. 좋은 게 내 앞에 와 있는데도, 이것이 안 보여서 못하게 됩니다. 좋은 기회가 다 와 있는데도 안 보이는 거예요.

상대를 많이 미워하다 보면, 너에게 그나마 조금 남아 있는 것도 또 사기치러 누가 옵니다. 너의 판단이 잘못되었음을 알려 주기 위함입니다.
상대가 나에게 욕을 하고 나쁜 짓을 한 것은 나의 잘못을 깨우쳐 주기 위해 온 겁니다. 그 사람을 미워하면 안 된다는 얘기죠. 만약 그렇게 한다면 적반하장인 겁니다.

나를 아주 괴롭게 하는 것은 지금 내가 뭔가를 잡아야 될 게 있기 때문입니다. 지금 당장은 조금 괴롭겠지만 얼른 추스려 '내가 이런 괴로움을 당할 때에는 뭔가 이유가 있지 않겠는가?', '내 버릇 중에서 잘못되었던 뭔가가 있지 않겠는가?' 이렇게 얼른 자신을 돌이켜 보면서 찾아 들어가면 내 잘못을 발견할 수 있습니다.

내 앞에 온 사람을 고마워할 줄 알고 다시 일을 추진하니, 일이 잘되고 나에게 더 어려운 환경이 안 주어지고 더 좋은 인연들이 오고 내 버릇도 고쳐집니다.

우리가 잘살고 못사는 것은 우리한테 달렸어요. 남한테 달려 있는 게 아니에요. 너에게 기회를 다 주었는데 네가 그걸 처리하지 못하고 있는 겁니다. 절대 사람을 이용하려고 해서는 안 돼요.

또 내가 상대에게 화를 내서도 안 됩니다. 나에게는 상대에게 화낼 수 있는 자격을 주지 않았어요. 상대한테 화내면 안 돼! 상대가 나에게 욕할 수 있는 자격은 주었어도, 내가 상대를 미워할 수 있는 자격은 주지 않았다는 사실입니다. 대자연은 어느 누구에게든 그런 자격을 주지 않았습니다. 그렇기 때문에 욕한 사람은 잘되는데, 미워하는 나는 잘 안 되는 겁니다. 그러니 상대의 욕을 달게 받아먹으면 잘됩니다.

05

남
탓하지 마라

QUESTION

스승님 강의에 남 탓을 하지 마라고 하시는데, 진짜 남 탓을 하지 않으려면 어떻게 해야 합니까?

이 사람이 '남 탓하지 마라'고 하니, 참 어렵죠? '남 탓하지 마라' 하는 이것이 제일 어려운 공부면서도 바르게 하면 제일 쉬운 겁니다. 이제 남 탓하면 안 되는 원리를 알아야 돼요.

남을 탓하면 안 되는 이유는 나한테 어려움이 오지 않게 하기 위해서입니다. 대자연의 법칙에는 내가 잘못하지 않으면 나한테 어려움이 절대 오지 않습니다.
우리가 남을 탓하는 것은 내 잘못을 모르기 때문이거든요. 내가 남을 탓할 때에는 남한테 내 어려움을 전가하는 거예요.

예를 하나 들어, 남편한테 주먹으로 한 대 맞았어요. 눈탱이가 시퍼렇게 되어 버렸단 말이에요. 그러면 이게 누구 잘못이에요? 때렸으니까 남편 잘못이죠? 아내가 볼 때, 남편 성질이 괴팍해서 지금 때린다 그러거든요.
그런데 이 안을 잘 살펴보면 어떠한 것이 숨어 있느냐? 남편의 근기도 모르고 예전부터 깔짝깔짝 댄 것이 쌓였기 때문에 오늘 조금만 깔짝거렸는데도 크게 두들겨 맞은 겁니다.

또 다른 예를 들어 보면, 길 지나가면서 뭔가를 좀 간섭하다가 건달한테 두들겨 맞았어요. 그래서 "이 깡패 새끼"라고 욕하며 탓한단 말이죠. 그러면 이게 누구 잘못이에요? 깡패가 나를 때렸으니 깡패 잘못이죠? 그런데 이걸 정확하게 파고 들어가면, 살면서 딴 사람한테 조금씩 잘못한 게, 지금 맞을 만큼 쌓여서 한 방 맞는 거예요.

오만 데에 잘못한 것들이 다 뭉쳐지면, 희한하게 그런 일에 말려서 내가 깡패 앞에 가게 됩니다.
그때 가서 마지막 조금 남은 것을 기분 나쁘게 건드려 이게 나를 치는 겁니다. 그런데 그러한 원리를 모르니, 나를 때린 것만으로 저 놈이 나쁘다는 거죠.
내가 세상에 잘못한 게 있다면, 이것은 절대로 소멸되지 않고 모인다는 사실입니다. 즉, 탁한 에너지를 세상에 풍겼다면 이것은 절대 소멸되지 않습니다. 이것은 어느 정도

딱 모이면 정확하게 문리가 일어나는데, 이때 누군가 상대가 되어 나를 혼내는 것입니다.

교통사고가 일어나면서 차가 나를 쳤어요. 이럴 때 우리는 "나는 멀쩡히 길을 지나가는데 차가 나를 쳤다" 그러거든요. 그런데 이것을 바르게 분별하면 차가 올 때 네가 지나온 거예요. 정확하게 차가 지나갈 때, 내가 그리로 지나가고 있었던 겁니다. 왜 이런 일이 벌어지느냐? 이런 충격으로 나를 때릴 만큼 내가 사회에 조금씩 잘못했던 게 쌓였기 때문입니다. 그래서 지금 맞을 때가 됐으니 맞을 자리에 정확하게 가는 거예요.

상대가 차를 잘 몰다가 잠깐 한눈을 파는 사이에 네가 그 길을 지나오게 된 거예요. "어!" 해도 이미 사건은 벌어지고 난 후입니다. 이렇게 해서 일이 벌어졌는데 "저 놈이 운전을 잘못해서 나를 쳤다" 그러거든요. 운전자가 운전을 잘못한 것은 네가 이 앞에 왔으니 잘못한 겁니다. 운전자는 "너만 안 왔으면 똑바로 갈 수 있었는데..."라고 합니다.

그런데 운전자를 탓하며 욕합니다. 운전자를 탓하고 욕하는 사람은 운전자가 더 애를 먹입니다. 이상하게 돌려서 보상도 잘 안 되게 하고... 그러니 이제 운전자를 더 욕 하게 됩니다.

그리고 병원에서도 다 나아서 나온 것 같지만, 잘못을 뉘우치지 못했기 때문에 또 차에 치어서 병원에 다시 간다는 사실입니다. 이렇게 병원에 단골이 되는 거예요.

병원에 누웠을 때 이런 기초를 잘 알았다면 '내가 이렇게 됐을 때에는 내 잘못이 있어서 하늘이 벌하셨구나! 잘못했습니다. 앞으로는 남 탓도 하지 않고 남 욕도 하지 않고 바르게 살겠으니 낫게 해 주십시오'라고 하면 네 몸도 낫게 됩니다. 그렇게 해서 나왔다면 너는 두 번 다시 차에 치일 일이 없어 병원에 안 간다는 말입니다.

내가 이러한 대자연의 법칙을 모르면 남 탓을 하게 되고, 알면 남 탓 자체가 일어나지 않습니다. 대자연은 절대로 잘못을 안 했는데 어려움을 주는 법은 없어요. 내가 어려움을 당했다면 어려움을 당하게끔 살았다는 거죠.

답은 모르더라도 이런 대원칙은 알고 있어야 합니다. 그렇게 하나하나 풀어 나가다 보면 스스로 분별하는 방법을 알 것이니, 이러한 것을 곰곰이 생각해 보는 것이 수련·수행입니다. 내 잘못을 뉘우치지 않는다면 어려움에서 절대 벗어나지 못합니다. 이것이 바로 남 탓을 하지 말아야 되는 원리입니다. 남을 탓하는 한, 너의 어려움은 절대로 풀리지 않습니다.

남 탓을 하고 화를 내는데 어려움을 풀어 준다면 좀 이상하지 않나요? 남 탓 안 하고 노력하는 것이 보일 때, 대자연은 그때 도와주는 겁니다. 어려움은 그렇게 풀어 줍니다.

그러니 내 잘못이 무엇인가부터 찾아보세요. 그걸 모르면 이 사람에게 물으세요. 묻는 대로 근기(根器)에 맞게끔 가르쳐 주고 풀어 주고 스스로 찾을 수 있게 해 줄 테니까. 이렇게 전부 다 어려움이 풀리고, 웃으면서 사는 날을 만들어야 됩니다. 이해가 돼요?

YouTube 정법강의 763강

06

신 명퇴자

QUESTION

제가 오늘 친구 몇 명에게 전화를 했습니다. 58년 개띠들이 모조리 정년이에요, 얘기를 들어 보니까 퇴직금을 못 받고 나오는 친구들도 있고, 잘 받으면 2억 3천 정도 받았다고 합니다. 정말 이 나라 발전을 위해서 나름대로 열심히 살았는데, 다 죽으려고 합니다. 이 명퇴금을 갖고 더 이상 가족에게 돈을 갖다 주지 못하면 가족에게 버림 받고, 국가에 버림 받고, 조직에 버림 받게 되는데, 어떻게 해야지 돈도 좀 벌고 또, 뭐가 잘못된 것인지, 뭘 잘못 생각하고 있는지 말씀해 주십시오.

우리가 그동안 잘못 살았어도 앞으로 계속 살아야 됩니다. 잘못 살았다고 오늘 죽을 수 있으면 괜찮아요. 하지만 인간은 그렇게 안 되게끔 태어났습니다. 수명이 다하는 날까지는 살아야 되는 거예요. 안 살려고 발버둥치면 병신이 되어서라도 살아야 됩니다.

그런데 알고 사는 것과 모르고 사는 것은 하늘과 땅 차이입니다. 그래서 우리가 어려우니까 바르게 사는 법과 가르침을 받으려고 선지식을 찾아가는 거예요. 틀리게 살면 또 어렵게 되니까요.

명퇴를 당하거나 퇴직하고 나서 돈을 조금 더 벌기 위해 어떤 사람은 슈퍼마켓을 차려서 한번 해 보려고 하고, 어떤 사람은 빵집을 한번 차려서 해 보려고 하고, 또 어떤 사람은 식당을 차려 운영을 해 보려고 합니다.

또 어떤 사람은 명퇴금이 조금 밖에 안 나와서 식당을 못 차리잖아요? 그러면 봉고차를 사서 닭을 뱅뱅 돌리며 '이것을 구워서 팔면 조금 더 돈을 벌라나?' 이러고, 어떤 사람은 '펜션이나 지어서 돈을 좀 벌어 볼까?' 이러고 있죠. 맞아요?

조금 더 말해 볼까요? 퇴직금이 없는 사람은 '아파트 경비로 취직을 할까?', '주유소에서 기름 넣는 일을 할까?' 그런단 말이죠.

그런데 잘 생각해 봅시다. 명퇴 받아 통닭을 굽는 사람들 있죠? 그 사람들은 평소에 통닭을 많이 사먹은 사람들이에요. 이것은 100%입니다. 슈퍼마켓을 차리려고 하는 사람은 평소에 슈퍼마켓에 많이 다닌 사람이고, 삼겹살집을 차리겠다고 하는 사람은 삼겹살을 많이 구워 먹으러 다닌 사람이고, 펜션을 차리려고 하는 사람은 펜션에 많이 놀러 다니던 사람입니다.

그리고 경비를 하려는 사람들은 평소에 경비하는 사람들을 많이 눈여겨보면서 살았던 사람들이고, 또 주유소에 가서 일자리를 구하는 사람들은 주유소에 자주 다니면서 필(feel)이 꽂힌 사람들입니다.

이게 왜 그러냐? 사람은 평소에 살면서 정보가 입력되지 않은 짓은 안 합니다. 이건 엄청나게 중요한 소리예요. 자식들을 우리처럼 안 만들려거든, 우리가 지금 하고 있는 게 뭔지를 정확히 알아야 됩니다.

일 끝나고 슈퍼마켓 앞에 앉아 소주를 먹으면서 "여기 한 달에 얼마 버는데요?" 하고 주인에게 묻는 사람들은 회사에서 나오면 슈퍼마켓을 차려야 됩니다. 그리고 삼겹살집에 자주 가는 사람은 삼겹살집 장사가 잘되는 걸 봤습니다. 그래서 나중에 나오면 삼겹살집은 내가 차리면 잘할 수 있을 것 같아 삼겹살집을 차리는 겁니다.

지금 명퇴를 받을 정도면 전부 다 넥타이 메고 회사에 다니던 사람들이에요. 삼겹살집에서 삼겹살을 구워 먹어도 "아줌마, 여기에 소주 두 병요!" 이러고 앉아서 시중을 받고 산 사람들입니다. 그런 사람이 지금 1, 2년 삼겹살집을 다닌 게 아니에요. 15년, 20년을 다니면서 그런 대접만 받고 돈만 얼마 주면서 "아줌마, 잘 먹었어요" 이러고 아무 생각 없이 나옵니다.

20~30년을 그렇게 다니면 내 머리는 돌이 되는 거예요. 돌!

삼겹살집을 다니면서 이곳에 종사하는 사람들의 시중을 많이 받았다면 이 사람들이 얼마나 고맙게 우리를 뒷바라지했는지, 또 우리한테 심부름해 주면서 이 사회를 어떻게 지탱하고 있는지 공부했어야 합니다. 그런데 그 공부를 하지 않아 이 사회에 질높은 일을 하지 못했습니다. 열심히 사는 그들에게 혜택이 가게끔 해 준 적이 없다는 말입니다.

우리가 직장에 들어가고 사회를 접하는 것은 우리에게 저마다 소질을 갖추라고 한 것이지, 돈 벌어 먹고사는 노동자가 되라는 것이 아닙니다. 이 나라에는 노동자가 없습니다.

이 나라는 이때까지 사람을 키우던 나라였어요. 사회를 바라보면서 네 공부를 해야 했고, 이 나라의 모든 환경을 접하면서 네 공부를 해야 했어요. 이것이 사회 공부에요. 이

해동대한민국은 사회에 접근해서 전부 다 공부할 수 있게끔 되어 있었어요.

학교에서 공부할 때에는 사회의 지식을 배운 게 아니에요. 사람들이 전부 다 정리해 놓은 기초 지식을 배웠다, 이 말이에요. 기본적인 이론을 다 배워 이제 글도 쓸 줄 알고, 리포트도 작성할 줄 알게끔해서 이 사회에 나온 거예요. 그러면 이걸 어떻게 썼어야 됐느냐? 사회에 나오면 사회 학교에 들어가는 겁니다. 직장을 들어가도 사회 학교에 들어가는 거예요.

우리가 기업이라는 사회 학교에 들어간다고 합시다. 거기에 들어가기 전에는, 아직 어리니까 부모님한테 어떤 환경을 줘서 우리를 공부시키게끔 했던 거죠. 다시 말해, 경비를 부모님한테 줘서 부모님이 알아서 우리한테 그 경비를 조금 줄 때는 조금 주고, 안 줄 때는 안 주고, 또 모아가면서 이렇게 공부를 시켰어요. 그러다가 20대가 되면, 이론은 학교에서 다 배웠으니까 실전공부를 시키기 위해서 사회 학교에 직접 들어가게 합니다. 그때부터는 부모님이 경비를 대주는 게 아니라 회사에서 경비를 대줍니다.

회사는 사회의 것이지 개인의 것이 아니에요. 우리가 잘 몰라서 이 회사를 내 것이라고 하고 있든 어쨌든 이것은 사회의 것이지, 개인의 것이 아닙니다.

만일 땅을 5,000평을 가지고 있어도 이것이 내 것인 줄 착각하면 안 돼요. 나에게 운용할 수 있는 자격을 준 겁니다. 이것은 당신 것이 아니라 사회 것 즉, 나라 것이고 백성 것이고 우리 모두의 것입니다. 개인의 것이 아니다, 이 말이죠. 우리는 운용할 수 있는 자격만 받은 거예요. 이게 사회입니다. 그래서 기업도 사회의 기업이다, 이 말이에요. 모든 기업은 사회 기업이에요.

사람들이 어려워지는 것은 "내 것"이라고 하면서부터 어려워지는 겁니다. 사회 것이라고 생각을 해도 당신한테 운용하라고 준 거니까 누가 안 빼앗아 가요. 그런데 사회가 너에게 맡기니까, 내 것이라고 해 버립니다. 내 것이라고 하니까 문제가 생기는 겁니다. 사회가 나에게 운용을 하라고 준 거예요.

다시 돌아가, 가정에서 우리를 공부시킬 때는 "돈 좀 많이 주세요, 어머니" 해도 "어디 쓸 건데?"라고 물어가며 공부하는 데 딱 필요한 만큼 줬어요. 이렇게 부모님이 운용하다가 회사에 들어가니까, 부모님 대신 회사가 경비를 대줍니다. 사회에서 공부하는 동안에 회사가 뒷바라지를 해 주는 거에요.

우리는 이 기초를 모르고 사회에 접근했기 때문에 다 실패한 거예요. 앞으로 우리 자제들도 그렇게 되도록 놔둘 건가요?
우리 젊은이들을 다시 우리처럼 실패하지 않게 만들어야 이 사회가 바르게 돌아갑니다. 그런데 지금까지 우리는 공부는 안 하고 먹고살려고 회사에 들어간 거예요. 생활전선에 나간다는 개념을 가져 버렸던 겁니다. 누가 그렇게 가르쳐 줬든, 우리는 잘못된 지식을 배웠습니다. 생활전선이라 생각하고 들어가서 일하고 그 대가를 받는다고 생각했던 거예요.
이러니까 어떻게 됐느냐? 우리가 노동자로 변하기 시작합니다. 노동자는 어떤 사람이냐? 단순한 사람을 노동자라고 하는 겁니다. 단순하면 노동자가 되고, 공부하는 사람은 노동자가 안 되는 거예요. 사회 공부를 한다고 접근을 했으면 노동자가 안 됩니다.

그러면 언제까지 공부하는 사람이었어야 했느냐? 30대까지는 열심히 사회에 접근해서 공부를 했어야 했어요. 30대까지 공부할 동안에는 회사들이 전부 다 관리해 주고, 뒷바라지를 해 주고, 우리가 쓸 돈을 직접 우리한테 줍니다. 공부 비용으로 책임지고 쓰라고 직접 준 겁니다. 이걸 어떻게 써야 되는지 잘 알아서 함부로 쓰지 말고 한 달 한 달 조심해서 쓰라고 준 겁니다. 1년 동안 조정해 가며 쓰라고 주는 거니까 경제를 운용하는 법칙도 배우면서 자랐어야 됐다, 이 말입니다.

부모님은 한꺼번에 안 줘요. 한 달 못 주고, 1년 못 주는 게 아닙니다. 부모님한테 있었을 때에는 우리가 어렸기 때문에 부모님이 다 관리를 했지만, 사회에 나왔을 때에는 직접 관리하게 주는 겁니다. 우리 젊은이들은 그것을 공부 비용으로 쓰면서 실력을 갖추고 성장하여 아주 우수한 실력자로 변해야 합니다.

회사는 사회 학교입니다. 월급은 공부하라고 비용을 주는 겁니다. 열심히 해서 좋은 회사에 들어갔다면, 내가 밟고 다니는 회사의 대리석 하나도 모두 사회의 것이에요. 하버드 대학을 나오면 네 책상에 올라오는 환경도 달라져요. 이것도 사회의 것이지 네 것이 아니다, 이 말이에요. 회사가 주는 모든 것이 사회 것이에요. 그리고 좋은 환경으로 많은 인연을 연결해 주는 것도 이 사회가 해 주는 겁니다. 이 환경들로 사회를 분석해야 됐어요.

이런 환경에 있으면서 일기를 쓰는 것도 리포트를 쓰는 거예요. 그런데 전부 이런 공부는 안 하고 '어떻게 하면 돈을 빨리 벌까?' 하고 돈 벌 생각을 한 겁니다. 학생이 공부는 안 하고, 돈을 벌려고 하면 어떻게 돼요? 돈 벌려고 자꾸 잔재주 부리면 부모님 심정은 어때요? 지금 이것을 하늘에서 다 보고 있는 겁니다.

이 민족을 인류의 동량(인재)으로 키우기 위해 이 나라의 환경을 만들어 놓았습니다. 우리 민족은 제일 늦게 인류에 문호를 연 나라입니다. 엄청나게 똑똑하고 아주 지혜로운 민족이 인류에 제일 늦게 문호를 열었습니다. 문호를 열 때는, 이 나라를 인류에서 제일 못 살게 만들어 놓고 문호를 열었어요. 우리는 "겉보리 서말만 있어도 처가살이 안 한다" 하던 자존심 강한 민족이잖아요. 먹을 것이 조금만 있어도 외국의 것을 비굴하게 동냥하며 살지 않는 민족이에요. 그런 이 민족의 근성을 알기에, 인류의 문물을 끌어다 들이게 하려고 깡그리 없게 만들어 놓았어요. 아주 비빌 언덕도 없이 만들어 놔야지, 누가 손을 내밀면 할 수 없이 손을 잡고 도움받을 민족인 줄, 하느님은 알고 있었던 겁니다.

이 나라의 수난이 그냥 일어났던 게 아니에요. 이런 근대 역사를 바르게 짚어 봐야 할 사람이 지식인입니다. 오늘날 지식인들은 신지식인들이에요. 이 민족의 최고 신지식인들이 우리(베이비부머)입니다. 과거에 누가 국제 역사를 알았습니까? 과거에 이스탄불이 어디인 줄 누가 알았어요? 우리 선조님들은 몰랐습니다.
그러나 우리는 지금 그런 국제적인 정세를 알고, 이런 것을 전부 다 흡수하면서 지식을 갖춘 거예요. 그런데 이 사람들이 공부를 바르게 못한 겁니다. 지금! 사회에 나와서 20~30년 동안 그냥 돈만 벌려고 욕심을 내고, 내 것만 챙겼지, 공부를 안 했다는 말이에요.

오늘날 지식이 꽉 차고 내공으로 지혜를 열어야 될 우리가 학교 다닐 때 배웠던 이론 지식만 갖추었지, 아무것도 공부를 안 했습니다.
이렇게 되면 어떻게 되느냐? 오늘날 같은 환경에서는 무식한 사람들이 되어 있는 겁니다. 그래서 지금 닥쳐오는 이러한 환경을 처리할 수 있는 지혜가 나오지 않아 오늘 내 앞에 온 사람을 내가 모른다는 거죠. 모르니까 당하는 것은 당연하지요. 지금 이렇게 되고 있는 겁니다.

명퇴를 당하는 것은 사회 학교에서 전부 다 쓸어내 버리는 것이고, 더 이상 공부 비용도 안 주는 겁니다. 사회 비용으로 너를 뒷받침해 줄 때가 지났다, 이 말이죠. 그래서 지금 강제로 나가게 하는 것이 명퇴예요.
"정년을 좀 올려주지" 이러는데 그렇게 하면 안 됩니다. 지금도 나이가 많은 거예요. 퇴직을 빨리 시켜서 쫓아내야 됩니다. 사회에서 계속 돈을 대주면서 버릇을 나쁘게 하면 안 된다, 이 말이죠.

이 사람들한테 주는 경비도 사회 비용이에요. 열심히 일해서 얻는 것이라고 하는데, 아니에요. 너희들이 사회 공부를 하면서 만드는 시너지(부가가치)로 너희들에게 비용을 대줄 수 있는 경제를 올리는 것이지 아직까지 우리가 일을 해서 올린 경제가 아닙니다. 이 원리를 못 깨우치면 큰일나요.
지금부터는 사회 접근을 바르게 해야 됩니다. 지금 명퇴자들이 쫓겨나는 이유는 오늘날 회사에서 필요한 것을 엄청난 지혜로 처리할 줄 알아야 되는데, 실력이 없어서 진짜 해야 될 일을 처리하지 못하기 때문입니다. 게다가 맨날 근

무시간에 땡땡이나 치고 주식이나 보고 열심히 일하지 않았던 겁니다. 그래서 사회 학교에서 이런 사람들을 다 나가라고 쓸어내는 거예요.

지금도 열심히 뭔가를 노력하는 사람은 절대 안 쫓겨나지만 기회를 보면서 산 사람은 여지없이 쫓겨나요. 쫓아내는 방법이 여러 가지가 있지만, 깊은 것은 아직까지 다 이야기 안 했습니다. 이게 낱낱이 나오면 "어찌 그렇게 사회를 손금 보듯이 다 압니까?" 그럴 거예요. 내보내는 것도 엄청나게 다양한 방법으로 시험에 걸리게 해서 내보냅니다. 결국 스스로 나가게끔 만든다는 거죠. 이렇게 사회 학교에서 쫓겨나는 겁니다.

회사에서 경비를 안 주고 사회에 내보내 버리니까, 이때 딱 하는 말이 "이제 뭐 먹고 사노?"라고 합니다. 정확하게 자신의 실력이 얼마라는 걸 딱 내 입으로 이야기합니다. 이게 내 질량의 수준이다, 이 말이죠.
학교를 제대로 나오지 않았더냐, 좋은 회사에 들어가지 않앉더냐, 그 뒤에 비용을 안 대줬더냐, 사회 환경이 너에게 없었더냐? 그런데 40대가 되어 '내가 뭐 먹고 사느냐'를 걱정한다면, 너는 공부는 안 하고 지식도 안 갖추고 노력한 사람도 아니고 지식인도 아니에요. 기회주의자로, 돈만 벌어 먹고살려고만 한 사람이니까 이제 그 돈 안 대주면 '뭐 먹고 사느냐?' 이 말이 나오는 겁니다.

무식한 사람이 된 거죠. '뭐 먹고사냐'를 지금 걱정한다면, '나는 동물이다'라는 겁니다. 즉, 사람으로, 홍익인간으로 성장하지 못하고 그냥 동물인 겁니다.

바르게 성장해서 공부를 했으면 어떻게 되느냐? 먹고살려는 생각을 하는 게 아니고, '내가 이 사회에 필요한 존재인가? 이 사회를 위해 무엇을 해야 하는가?' 이런 생각을 딱 하게 됩니다. 이것이 우리가 나이를 한 해 한 해 먹으면서 나한테 있었던 환경들을 답습하고 공부하면서 성장한 사람의 생각입니다. 마인드가 달라졌어야 한다, 이 말이죠.

우리가 노후 걱정을 많이 하죠? 그럼 무슨 걱정을 하는 거죠? 먹고살 걱정하는 거예요. 이건 지금 인생을 실패해서 동물로 돌아가서 사는 방법입니다. 노후 걱정을 안 하려면 이 사회에 내가 필요한가, 안 필요한가를 봐야 돼요. 이 사회에 필요한 사람으로 성장을 했다면, 노후 걱정은 안 하고 사는 거예요.

그런데 나는 수영을 하러 다니고 게이트 볼을 치고, "으샤, 으샤!" 이러면서 스포츠 댄스나 춘다면 어떻게 되겠습니까? 스포츠 댄스를 추면 허리가 삐거덕삐거덕 안 한다고? 그렇게 허리 안 아프게 죽으려고 모이는 사람들이 있어요. 또 노래를 꽥꽥 부르다가 죽으면 된다고도 하던데…

나이가 들면 사회의 어른이 되는 거예요. 어른! 그런데 오늘날 이 사회에 어른이 없는 겁니다. 자기만 먹고살려고 걱정하는 동물은 있어도 진짜 어른은 없다, 이 말이죠.
나이가 들면 이 사회의 어른으로 세상에 나와야 하는 거예요. 어른들은 우리 아이들을 가르쳐야 되고, 후배들을 이끌어 줘야 돼요. 이끌어 주는 사람이 되어야만 어른으로서 활동을 하는 거죠. 아이들이 어떻게 이끈다는 말이에요? 어른이 되어야 후배들을 이끌고, 우리 후손들을 이 끄는 거예요. 이게 어른들이 이 세상에 필요한 이유입니다. 먹고살 것밖에 모르는 어른은 이 세상에 필요한 존재가 아니에요.

사회를 이끌면, 사회를 이끌 수 있는 힘을 대자연이 줍니다. 이게 신들이에요. 앞으로 이 사회는 '이끄는 시대'라는 얘기죠. 이 사회를 이끌어 가는 어른들이 바르게 살려면 적어도 '이 사회를 위해 내가 무엇을 할 것인가?'를 생각해야 합니다. 그런 생각을 하면 이 사회에 필요한 사람이 될 것이지만, 먹고살려는 생각만 하는 사람은 이 사회에 필요한 사람이 되지 못합니다.

명퇴를 받아서 퇴직금이라도 조금 있다면, 이걸 가지고 돈 벌어서 한 건 잡으려고 들지 말고 '나는 앞으로 이 사회에 무엇을 해야 되는가?'를 생각하십시오.
이 사회는 지금 그런 식으로 돈 벌게 되어 있지 않습니다. 지금은 질서가 잡힌 사회예요. 네가 이 돈을 투자해서 한

건 잡으려고 한다고 그렇게 줄 것 같나요? 그렇지 않아요. 그러니 그렇게 하지 말고 '이 사회에 내가 무엇을 해야 될 것인가?' 이것을 생각하며 접근하면 경비가 떨어지기 전에 네 할 일이 돌아오고, 그 일을 하면 거기서 경제를 주게 됩니다.

찻집을 하더라도 이런 원리를 알아야 합니다. "아, 내가 이런 공부를 했어야 되는데 못했구나. 이번에 내가 찻집을 차리면 가게에 오는 사람들을 위해, 내가 실패한 것을 알려 주며 우리 후배들은 실패하지 않도록 이 자리에서 조금이라도 노력하겠다" 이러고 사회를 위해서 뭔가를 하려고 들면, 사람을 바르게 대할 줄 알기 때문에 그만큼 사람을 보내 줍니다.

우리 국민은 말이죠, 한 사람, 한 사람에게 전부 다 신장들이 있어요. 한 사람에게 신장들이 아무리 적어도 셋은 붙어 있습니다. 여기서 조금 질량 있게 일을 할 사람이 있잖아요? 이 사람들은 일곱도 붙어 있고, 더 크게 질량을 일으

킬 사람은 삼십도 붙어 있습니다. 신장들이 우리를 키우고 있는 거예요. 이게 천손이라고 하는 겁니다.

천손을 키울 때에는, 모든 신들이 전부 다 출몰해서 같이 성장하는 거예요. 그러니까 손님이 많이 오면 신장들도 다 따라오는 겁니다. 그런데 여기에 자기 제자나 자손한테 아주 좀 우수하게 잘 대해 주잖아요? 그러면 그 신장들이 군사가 되어 이 가게를 돕는 거예요. 신은 이렇게 운용이 되는 겁니다.

내 가게에 들어온 사람을 이롭게 하는 데에 최선을 다해 노력해라. 그러면 이 사람들을 따라 온 신장들이 내 노력을 알고 나를 돕기 시작하고 여기로 인연을 걸어 주려고 노력한다, 이 말이죠.

그래서 한번 온 손님은 다른 데로 안 가요. 자다가도 그 가게가 떠오르고, 꿈을 꿔도 그 가게 꿈을 꾸고, 또 거기 가서 좋은 사람을 만날 암시도 줍니다. 그러니 또 가고 싶죠. 이렇게 그 신장들이 사람들을 자꾸 불러 모으니 가게는 저절로 잘되게 되어 있어요.

식당을 하든 펜션을 하든 그걸 하는 것을 지금 뭐라고 하는 게 아니에요. 네가 그런 곳을 자주 다니면서 공부를 안 했다면 지금부터라도 기초 공부를 하세요. 펜션을 하나 차리더라도 '우리 펜션에 오는 사람들은 내가 다닐 때처럼 그냥 보내지는 않겠다' 그리고 '여기 오신 분들을 앞으로 이 나라의 동량으로 성장하는 데에 내가 조금이라도 뒷바라지를 하겠다' 이렇게 사회에 필요한 일을 하겠다고 들면, 돈 벌려 하지 않아도 돈은 저절로 줍니다. '손님이 이렇게 없어서 어디 먹고살겠나?' 이런 생각을 안 하게 해 준다, 이 말이죠. 사회에 필요한 사람이 되려고 노력하면 그 노력의 질량만큼 경제적인 것이 들어오게끔 다 해 주는 게, 천신입니다.

지금 명퇴를 받은 사람들은 '내가 사회에 무엇을 했는가'를 다시 생각해 봐야 됩니다. 그동안 당신에게 월급을 주었던 것은, 사회가 비용을 대주며 너를 키웠던 겁니다.
그래서 이 나라에는 노동자가 없었던 거예요. 이 민족은 노동자가 아니기 때문입니다. 하늘에서 인류의 동량을 키우고 있었던 거예요. 인류의 문물을 다 끌어다 넣고 저마다 소질을 갖추게 해서 키운 나라는 인류에서 이 나라밖에 없습니다.

이 민족이 앞으로 일어나서 무엇을 하느냐에 따라 인류는 바뀝니다. 우리가 아무것도 못하면 인류는 절대로 바뀌지 않습니다.
그러면 어떻게 되느냐? 환경 오염이 심해지고, 이 지구까지 망칩니다. 지혜롭게 지구를 운용하지 않으면 이 지구도 망친다, 이 말이죠. 후손들이 살아갈 길도 어려워지게 만듭니다. 우리가 인류의 지도자로 일어나야 되고 동방의 횃불을 들 때가 됐습니다. 그런데 아무도 횃불을 들 생각은 안 하고 먹고살 걱정만 하고 있는 겁니다.

지금 명퇴자들 이분들이 몇 살이냐? 대부분 50대예요. 50이 되면 지천명(知天命)이라고 합니다. 지천명이 무슨 뜻이에요? 하늘과 땅의 이치를 안다, 자연의 이치를 안다, 이 말이죠. 하늘과 땅의 이치를 알면 나 자신은 스스로 알게 되어 있는 겁니다. 이제 비로소 어른이 되는 것입니다. 이분들이 세상을 이끌어 주어야 세상이 바르게 돌아간다, 이 말이에요.

대부분 50대예요. 그런데 이분들이 먹고살기 위해서 환장하고 돈이나 벌려고 들면, 이 나라는 정확하게 망합니다. 그러면 우리 후배들은 길이 없어요. 이분들이 지금 정신을 차리고 길을 바르게 안 잡으면, 후배들은 나아갈 길을 모르게 되어 있어요.

지금 40대를 X세대라 그러지요? 이들이 베이비부머 바로 밑의 직계 후배입니다. 베이비부머인 이 홍익인간 1대들이 정신을 못 차리면 이들의 길은 없습니다. 선배들이 바르게 진로를 놓아줄 때 후배들이 그리로 따라가는 거거든요. 그래서 다음 세대인 디지털 세대들은 더욱 더 앞날이 깜깜한 거죠. 우리 아이들을 아무리 학원에 보내고 공부를 시켜놔도 소용이 없게 됩니다.

지금 어떻게 살아가야 되고, 어떤 이념을 가져야 되고, 무엇을 해야 되는지 길을 모릅니다. 그렇기 때문에 지금부터는 공부를 해야 됩니다. 이것을 이 사람이 낱낱이 가르쳐 줄 것이고 이끌어 줄 것입니다. 이제부터 우리가 무엇을 해야 되는가를 정확하게 알고 사회에 접근해야 합니다. 접근을 잘못하여 욕심내서 돈만 벌려고 가게를 차리면 그것을 싹 빼앗아 버립니다. 왜? 공부 새로 하라고.

욕심을 내면서 접근하는 순간 네 것은 싹 걷어 갑니다. 지금 눈으로 많이 보고 있을 걸요? 돈을 더 벌려고 욕심을 내는 순간 너한테 조금 남아 있는 것 마저도 빼앗아 버립니다. 그러니 이 원리가 조금이라도 이해가 된다면 절대 돈 벌려고 투자하지 마세요. 그런데도 지천명이 된 50대가 돈을 벌려고 투자한다? 그러면 싹 걷습니다. 어떤 식으로든 걷어 간다, 이 말이지요. 그냥 생(生)으로 빼앗겨요. 투자한다고 호들갑 떨지 말고 이 돈으로 공부하십시오. 공부!

그러면 공부를 어떻게 하느냐? 퇴직금으로 1억 받았으면 3천만 원은 공부 비용으로 쓰십시오. 나의 모자람을 갖추기 위해서 노력하라는 말입니다. 이것이 3:7의 법칙입니다.

만일, 수중에 3천만 원밖에 없다면 아깝더라도 1천만 원을 공부 비용으로 쓰면서 너의 모자람을 갖추는 공부를 하세요. 그렇게 노력하고 있으면 네 경비를 다 써 갈 때쯤 지혜가 나옵니다. 노력해야 지혜가 나오는 겁니다. 바르게 노력한 사람은 앞길이 보입니다. 그래서 경비로 조금씩 아껴 쓰면서, 사회를 다시 살피고 노력을 해라, 이 말입니다. 이 정법 공부에 참여한 사람들은 이러한 원리를 알고 접근 하면 누구든지 성불 받아요.

그러면 직장에 안 다니는 가정주부는 어떻게 할까요? 네가 가진 모든 자산의 30%를 공부 비용으로 쓰면서 너를 갖추세요. 몰랐다면 지금부터라도 하세요. 이렇게 하면 30%가 떨어지기 전에 할 일이 나올 것이고, 이때 하늘에서 돕습니다. 세상 보는 눈도 저절로 뜨입니다. 무식하면 안 보이던 게 유식하면 보인다는 얘기죠. 이렇게 해서 길이 나오는 겁니다.

3:7의 법칙은 0.1mm도 틀리지 않게 운용을 합니다. 그래서 정법시대라고 이야기하는 겁니다. 정법시대란, 바르게 가면 살 길이 열리고, 틀리게 가면 너의 힘을 모두 걷어서 다시 공부시키는 시대입니다.

무식한 자한테 금덩어리를 준들 네가 그걸 운용할 수 있겠어요? 무식한 자한테 땅을 준들 네가 그걸 바르게 쓰겠어요? 그것은 사회의 자산이고, 백성의 피와 땀이에요. 우리 조상님들과 인류가 희생한 자산입니다. 이 사회에 있는 오늘날의 이 에너지를 너에게 맡기려면 맡길 명분이 있어야 합니다.

만일에 이 메시지를 듣고도 "그놈 참, 지랄하네!" 해도 됩니다. 그러면 네 것을 먼저 걷을 테니까! 이것을 지금 자연이 하고 있어요. 하느님은 지금 이 작업을 한다, 이 말이죠. 이 사람은 그 약속을 하느님과 하고 나온 사람이에요. "저는 백성을 가르칠 것이니, 아버지는 바르게 노력하는 자들에게 성불을 주고 모든 힘을 다시 주십시오" 하고 약속을 받고 나온 사람이에요. 그러니까 이 메시지를 잘 들어야 됩니다. 물론 듣고 "으이고, 뭐" 그래도 되는데, 결국은 이렇게 할 수밖에 없습니다. 이게 정법입니다.

Question

말씀 잘 들었습니다. 저는 정년이 3년 반 남았습니다. 그런데 겨울에 우연히 한국어 교사자격증을 접하게 되었는데, 퇴직을 하고도 외국인 학습자들을 지도할 수 있는 자격을 주는 것이었습니다. 갑자기 그것을 해야겠다고 필이 꽂혀서 하고 있습니다. 많이 힘들지만, 학교를 마치고 다음에 할 일을 준비한다는 생각으로 준비하고 있습니다. 그런데 주변에서는 "나이 들어서 뭐 그런 걸 하냐"고 하기도 합니다. 그래도 스승님 강의에, "건강하게 살려면 자기 일을 가지고 사회에 보탬이 되는 일을 해야 한다"고 하셔서 지금 하고 있는데, 사실 어떤 때에는 잘한 것인지 아닌지 갈등하게 됩니다. 퇴직하고 할 일인데, 이런 계획도 괜찮은지요?

퇴직하기까지 3년 정도 남았다면 지금 그런 생각을 하는 것은 굉장히 좋은 겁니다. 퇴직하기 3년 전부터가 '내가 다음에 무엇을 할 것인가'를 생각하고 그 준비를 해야 되는 기간입니다.

그래서 퇴직할 사람들은 일도 그리 많지 않습니다. 그것은 자기 준비하라고 이런 일이 일어나고 있는 거예요. 그럴 때 뭔가 할 수 있는 것을 잡아서 모자라는 공부를 해야 합니다.

지금 정법강의를 쭉 들으면 '아, 다음에 내가 어떻게 해야 되는구나'를 알게 됩니다. 일하는 게 중요한 게 아니고, 일을 어떻게 해야 되는가를 우리가 알아야 되는 거죠.

우리가 다시 무슨 자격증을 딴다? 그 자격증을 따면 또 일이 들어옵니다. 일이 들어오면 어떻게 해야 되는가를 공부해야 된다는 거죠.

정법강의를 계속 들으며, 그런 것들을 준비하면 굉장히 좋습니다. 만일 그렇게 준비하는 것이 '아니다'라고 판단이 되어도 정법강의를 계속 듣다 보면 '아, 이게 아니고, 이쪽

이구나'라는 것이 나옵니다. 이렇게 내 분별이 생기면 스스로 움직이게 됩니다. 우리는 전부 다 영적인 사람들이기 때문에 내가 바르게 노력하고 있으면 틀리게 가는 것도 바르게 잡아 갈 수 있습니다. 이런 감각이 다 들어오게 되어 있어요. 그러니까 지금 노력하는 이 자체로 내 길을 얼마든지 만들어 나갈 수 있으니까 걱정할 것 없습니다.

Question

사실은 제 나이 또래 되는 사람들을 보니까 명예퇴직을 워낙 많이 신청합니다. 그걸 보니까 제가 만약 이 공부를 시작하지 않았다면 '명예퇴직하고 그냥 쉬어야겠다'라는 생각을 가졌을 것 같습니다. 이런 공부를 잡고 한다는 게 정말로 감사하고 스승님께도 감사드립니다.

명예퇴직을 해야 될 정도면 정년이 3년 내지 5년 정도 남았을 때에요. 그 정도 되어야 명예퇴직을 권

하지요. 그런데 이 강의를 들은 사람은 어지간하면 명예퇴직하지 마세요. 직장은 학교입니다. 학교에서 나와 버리면 개털이 돼요.

정년이 그 정도 남았으면 회사 일에 너무 충실하기 보다는 여유를 가지면서 지금부터라도 공부를 잡아야 됩니다. 회사에서 우리한테 준 월급으로 마음 놓고 필요한 곳에 쓰면서 마무리 공부를 하십시오.

주어진 이 환경에서 공부할 때가 최고의 환경에서 공부하는 거예요. 이걸 내던지고 나오면 퇴직금 주지요? 그러면 이 학교가 너에게 3~5년 더 지원해 주기 보다는 "나가서 공부할래?" 이렇게 묻는 겁니다. 그런데 퇴직하고 나와서 돈이 부족하니까 '앞으로 나는 풀빵 장사한다' 하는데, 하다가 다 빼앗겨 버려요. 돈 벌기 위해 식당을 한다면 차리는 길로 너는 빼앗깁니다. 왜? 네가 손님으로만 가봤지, 손님을 대접해 본 적은 없잖아요. 이런 것은 연습하면 안 됩니다. 연습하다가 다 빼앗겨요. 이것은 절대 안 된다, 이 말이죠.

아직 명퇴하기 보다는 '내가 여기서 못한 공부를 하며 조금 더 노력해야 되겠다' 이러면서 이제는 술 한 잔 먹으러 다니기 보다는 조금 더 열심히 공부해야 됩니다.

이제는 회사에 불평을 해도 안 됩니다. 공부하는 사람이였으면 회사에 불평을 안 했을 겁니다. 공부하는 방법으로 마음을 돌려서, 회사에 불평했던 것도 조금 미안한 마음을 가져야 합니다. 내가 회사에 불평을 한 것은 사회에 불평을 한 거예요. 그러니까 공부가 안 됐지요.

우리가 사회에 접근할 때, 공부하려고 회사에 들어갔으면 불평하는 일이 안 생겨요. '사회가 나한테 이런 비용을 지불해 주면서 나를 공부시킨다'는 이 개념을 알고 들어갔으면 이 사회에도, 회사에도 불평을 안 했습니다. 이렇게 했으면 파업하고 데모(demonstration)하는 일은 아예 발생도 안 했어요.
그렇게 했다면 지금 이 사회가 얼마나 다르게 성장했을 것인지 상상해 보십시오.

내가 일을 해서 그 대가를 받는다는 생각으로 한 3년만 하다 보면 불평할 게 생깁니다.

'나는 쎄가 빠지게 일했는데, 자기들만 부자되고 나한테는 돈을 더 안 준다'고 계산하기 시작하면 불평밖에 안 나옵니다. 이것이 오늘날 우리 사회가 질량 있게 성장하지 못했던 원리입니다.

지금 회사에 다니는 것은 마음 놓고 공부할 수 있는 환경이 주위에 펼쳐져 있는 겁니다. 그러니 사회가 지원해 줄 때, 공부 비용을 감사히 받아가면서 열심히 공부하십시오.

YouTube 정법강의 3300-3303강

07

1인 창업

QUESTION

우리나라 올해 경제성장률이 3.5%도 힘들다고 하고, 어제 금리도 더 낮추었습니다. 나라에서도 도저히 안 되겠다는 지경인데, 미래학자들은 빠른 시일 내에 1인 1기업 시대가 온다고 합니다. 실제로 우리 카페에서도 창업하시는 분들이 계신 반면에 하던 업을 접으시는 분도 많이 나옵니다. 앞으로 이동수가 많으니까 모조리 부동산 업을 할 수도 없고 아무튼 어떠한 형태로든지 이제는 사업가, 기업가가 되어야 하는데, 1인 1기업 시대를 맞아서 어떤 사업가 정신을 가져야 되는지 말씀해 주십시오.

1인 기업을 하든 어떻게 하든, 우리가 무엇을 하기 위해 사회에 접근을 하는 건가요? 사람을 만나려고 접근하는 겁니다. 돈을 벌겠다고 사회에 나와도 주목적은 사람을 만나고 있는 거예요. 그러면 사람을 왜 만나느냐? 그 속에서 배울 게 있고 행할 게 있어서 만나는 겁니다. 결국 사람을 만나게 하려고 어렵게 해서 사회에 나오게 한 거죠.

우리 주부들은 이때까지 사회에 나오지 않아도 됐어요. 엘리트 여성들은 엘리트 남성을 만나서, 남편이 밖에서 경비(經費)를 벌어 왔기 때문에 주부들은 집에서 먹고살아도 됐던 겁니다. 그런데 자꾸 이렇게 살면서 밖에 안 나오면 어떻게 되느냐? 엘리트 주부들은 지적인 교육을 받은 사람들이기 때문에 사회에 나오지 않으면 안 되는 겁니다. 그래서 사회로 나오게 하려고 남편이 하는 일을 어렵게 합니다. 주식을 해서 망하게 하든지, 욕심으로 투자한 게 망하게 하든지, 어떤 식으로든 부인이 사회로 나와야 되는 거죠. 남편 혼자 맡겨 놔서는 집구석이 안 되는 것이지요. 그러니까 부인이 움직이게 되어 사회에 나오는 겁니다.

이제는 여자들도 사회에 나와서 사람을 만나야 되는 시대입니다. 이것을 두고 여성상위시대라고 이야기하는 겁니다. 앞으로 여자들이 사회에 등장합니다. 그런데 여자들이 왜 사회에 나오는지를 모르고 나오고 있어요. 그러다 보니 먼저 사회 경험을 한 사람들이 여자들을 살살 가지고 놉니다. 처음에는 돌봐주는 척하다가 나중에는 홀딱 빼앗아 먹어 버리거든요. 결국 전부 다 빼앗기게 되어 있습니다. 왜 그런가? 네가 돈 벌려고 나왔으니 돈 벌어야 되는 사람하고 인연을 하니까, 그 사람이 네 것을 다 빼앗아 가는 겁니다.

1인 창업시대가 됐다고 해서 전부 장사가 잘될 것 같으냐? 창업을 하려면 다른 사람과 또 손을 잡아야 됩니다. 그러다 보면 결국 이 사람들에게 다 빼앗깁니다. 이렇게 자꾸 당하다 보니 이제 세상에 믿을 사람 없다며, 악에 차는 거죠. 그래서 '왜 이렇게 됐는가?'는 깨우치지 못하고 또 상대를 탓합니다.

그런데 잘 생각해 보세요. 당신도 돈 벌려고 나오지 않았습니까? 그러니 자연히 경쟁을 하게 되는 겁니다. 그리고 자신의 질량이 낮으면 상대에게 빼앗기는 것은 당연해요. 질량이 큰 놈이 돈을 가져가는 것이지, 질량이 작은 놈은 항상 빼앗기게 되어 있어요.

여성들이 집안에서 솥뚜껑 닦고, 걸레 빨고, 마루 닦고, 커튼 갈다가 지금 돈 벌려고 나왔는데 돈이 벌린다고? 택도 없는 생각입니다. 사회에서 한참 굴러먹은 놈이 아무래도 낫지요. 집에 가만히 앉아 있다가 누가 '조금 투자하면 큰 돈 벌 수 있다'고 하니까 덜렁 투자해서 돈 벌 수 있다고 생각하는 그 자체가 말이 되나요? 다 그렇게 하면 되는지 몰라서 안 하고 있나요? 당장 꿈 깨세요!

1인 창업시대는 전부 다 실패합니다. 1,000개가 차려지면 1,000개는 망해서 문을 닫으면서 1,000개가 다시 차려지는 거예요. 2,000개가 차려지잖아요? 2,002개가 문 닫고 2,000개가 차려지는 겁니다. 101% 망한다는 겁니다. 한쪽에서는 전부 다 실패를 하는데 다른 한쪽에서는 또 차리고 있는 거예요. 지금 이 경험을 다 하고 있는 겁니다.
왜 이런지, 그 원리를 지금 찾아야 되는 거죠. 못 찾으면 계속 이런 일이 반복됩니다. 그래서 집에 조금 가지고 있던 경제마저 다 없어지고, 신용으로 빌린 돈도 다 없어지게 됩니다. 결국은 신용까지 전부 다 잃게 된다, 이 말이죠. 지금 전부 다 원수가 되는 시대가 열리는 거예요. 형제끼리도 못 믿는 시대가 벌어져요. 잘될 것 같이 이야기를 하니까, 내 것 조금 있는 것도 다 보태 줬더니 이걸 몽땅 날리는 거예요. 그러면 당연히 고개를 못 드는 겁니다. 이대로 가면 이런 시대가 벌어져요.
사회에 접근할 때에는 어떻게 접근하라고 했죠? '사회를 위해 내가 무엇을 할 것인가'를 생각하라고 했죠? 돈 벌려고 접근하지 말고. 그러면 한 개도 안 망합니다.

"네가 아무리 형편이 어려워도
너의 고귀함이 있느니라.
우리는 자존심 있는 민족 아니더냐?
비굴하게 살지 마라.

*아무리 없어도 내가 이 사회에서 할 일이
있을 것이라는 생각을 하라"*

조그마한 빵집을 하나 차리더라도 사람이 올 것인데 이 사람들로부터 내가 모르는 건 조금씩 배워 가면서 사회에 필요한 사람이 되리라는 생각으로 한다면, 사기꾼도 붙지 않고 나를 등쳐먹지도 않습니다. 절대 그렇게 오지 않습니다.
그런데 사회에 잘못 접근하면 악어 같은 놈들만 나에게 붙는다, 이 말이죠. 악어도 작은 입을 가진 악어가 있고, 큰 입을 벌리고 있는 악어도 있습니다. 사회는 지금 온통 악어 천지입니다. 욕심을 가지고 사회에 나온다면, 이 악어들이 지금 너를 등쳐먹으려고 입을 쫘~~악 벌리고 있어요. 세상은 노력하지 않는 자에게는 절대 돈을 안 줍니다.

이제부터 돈이라는 게 뭔지를 좀 알아야 돼요. 돈은 백성의 피와 땀이에요. 많이 가지려면 아주 질량 있는 생각을 하고 사회에 접근을 해야 합니다.

국수 한 그릇을 팔러 나왔어도 사회에 접근하러 나온 겁니다. 이때 '이 사회에 나와서 내가 무엇을 해야 되는가?' 이런 생각으로 국수를 팔고 있다면, 너는 절대로 망하지 않고 어려워지지 않아요.
하늘이 더 많은 에너지를 주기 시작합니다.

이제는 개인주의로 사는 것이 아니고, 이 사회에 우리가 무엇을 할 것인가를 생각해야 될 때입니다. 사회를 위해 살면 큰 에너지가 몰려와서 내 갈 길을 찾게 해 줍니다. 좋은 인연들이 와서 내가 힘을 쓸 수 있도록 경제를 보태고 모든 힘을 다시 준다, 이 말이죠.

사회에 어떻게 접근하느냐에 따라 내가 실패하고 성공하는 겁니다. "아, 요새는 해 먹을 게 없더라" 그러는데, 네가 접근하는 방법이 틀린 것이지, 세상에는 할 게 천지예요. 천태만상인 세상이라서 오만 것을 해도 다 되는 세상입니다. 어떤 자세로 사회에 등장했느냐에 따라 누구는 실패하고 누구는 성공하는 거예요. 이게 다른 겁니다. 적은 돈으로 작은 것을 한다고 해서 성공하지 못하는 게 아니라는 말이죠.
시작을 하더라도 어떤 생각으로, 어떤 마인드로 사회에 접근 하느냐? 여기에 따라 실패하고 성공하는 겁니다. 이 말은 0.1mm도 틀리지 않는 순도 100%의 정답입니다. 이렇게 해서 접근을 했는데도 잘못됐다면, 이 사람한테 오세요. 이 사람이 하느님의 모가지를 잡아 끌어 내려서라도 되게 해 줄 테니까.

사회에 바르게 접근을 했는데 내게 어려움이 온다? 절대로 그렇지 않습니다. 이 사회는 그렇게 만들어지지 않았어요.
우리는 사회를 너무 많이 불신하고 있는데, 내가 잘못하는 것을 생각해 보세요. 사회를 접근하는데 내가 잘못하지 않고 잘못 돌아가는 법은 절대로 존재하지 않아요. 이게 자연의 운행법입니다. 신은 이 자연을 똑바르게 운행하는데, 우리의 분별력이 떨어져 접근하는 방법이 달라지는 겁니다.

신, 즉 천신은 말이죠, 우리 아버지예요.

무엇을 천신이라 하느냐? 대자연에는 천기(天氣), 지기(地氣), 인기(人氣) 3기가 있습니다. 천기는 비물질에너지 질량이고, 지기는 물질에너지 질량입니다. 그리고 마지막 인기는 비물질에너지 질량이에요. 천·지·인, 이 3기가 대자연을 운용하는 것입니다.

"천지기운은 가만히 계시사, 인이 동한다" 이겁니다. 지기도 천기 안에 있는 것이 열처리 되어 나온 것입니다. 그래서 3:7로 천기 안에 물질이 30%가 있고, 비물질이 70%가 있는 겁니다. 지금 물질이 만들어진 것은 열처리 된 30%가 물질로 만들어져서 이것을 지상, 지기라고 하는 거예요. 이것도 에너지다, 이 말이죠.

우리가 건방지게 농담으로 많이 이야기 했죠? "하느님하고 나하고는 동급이야"라고. 이 소리 기억나는 사람 많죠? 농담으로 했어도 이 말이 나오는 때에는 원리가 있다, 이 말이죠. 이 말은 베이비부머 시대부터 쓰기 시작한 것이지, 우리 선조님들은 절대 쓰지 못했어요. '천신하고 동급이다' 이 소리는 베이비부머들이 하기 시작했습니다. 왜냐? 베이비부머들이 인육(人肉)을 받아서 이 땅에 오기 전에는 전부 다 천신 중의 천신, 신 중에서도 수장들이었거든요. 그러니까 어릴 때에는 말 못하다가 조금씩 크니까 "하느님은 나하고 동급이다"라고 농담도 하는 겁니다. 기운이 그만큼 큰 사람들이다, 이 말이죠. 이 말 아무나 못 써요. 질량이 낮으면 이런 말은 농담이라도 쓸 수가 없는 거예요.

천기는 비물질에너지이고, 인기 역시 비물질에너지입니다. 비물질에너지는 물질을 움직입니다. 비물질에너지가 물질을 움직이고, 들고 있고, 운반하는 겁니다. 밤하늘에 떠 있는 별들이 엄청나게 큰 질량의 물질을 포함하고 있지만, 이것은 비물질이 운반을 하고 있는 거예요. 질량이 모아지니까 중력이 생겨서 움직이지만 이걸 들고 받쳐 주는 것도 비물질에너지예요. 이게 땅에 떨어져 있는 게 아니에요. 이 지구가 이만큼 질량이 커도 떠 있는 겁니다. 그러면 그것을 무엇이 받쳐 주느냐? 비물질에너지입니다. 마찬가

지로, 태양이 저렇게 질량이 커도 떠 있는 거예요. 이것을 받쳐 들고 있는 것도 비물질에너지가 들고 있는 겁니다. 이것이 바로 하느님이에요.

다시 말하지만, 대자연의 에너지인 천기가 하느님이다, 이 말이죠. 이 대자연은 나의 부모입니다. 우리는 그 안에 존재하는 고로, 나는 비록 작지만 이 대자연에 속한 에너지입니다. 대자연을 운용하는 에너지, 그것이 바로 인기입니다.

원소에너지인 우리는 한 사람, 한 사람 모두 엄청나게 소중한 사람들입니다. 우리는 죽어도 죽는 것이 아닙니다. 육신에 있다가 분리될 뿐, 절대 소멸되지 않는 영혼입니다. 물질이 파괴하지 못한다, 이 말이죠.

요새 블랙홀 이야기 많이 듣죠? '빛도 가둬 버린다, 인간이 들어가면 어떻게 된다', 뭐 이러지요? 육신은 블랙홀에 들어가면 어떻게 되지만, '나'라는 인기는 블랙홀도 어떻게 할 수가 없습니다. 인기는 블랙홀을 들락날락할 수 있어요.

우리는 자신이 얼마나 중요한지 알아야 됩니다. 이렇게 계속 걱정하면서 살게 하려고 윤회하며 발전한 게 아니에요. 이것은 아주 즐겁게 살면서, 영혼이 맑아지게 하기 위한 과정이었습니다. 그러니까 우리가 지금 사회에 접근하는 방법들을 조금 넓게 생각해야 된다는 말입니다. '나도 사회에 무엇을 할 수 있는가?'를 생각해야 합니다.

사회에 뭔가 필요한 사람이 되게끔 접근을 해야 합니다. '나에게 주어진 일을 사회를 위해 열심히 해 보리라. 뭔가를 차려서 그곳에 인연들이 오면 그들을 위해 필요한 것을 하겠다'는 생각을 해야 합니다. 그렇게 하지 않고 '호주머니에 있는 돈이나 빼먹어야지, 그래서 내가 잘 먹고 잘살아야지' 이러면 철퇴를 맞습니다. 이제부터는 어떤 식으로 사회에 접근을 하더라도 공부를 하세요. 그 뜻을 가지고 사회에 나온다면 크게 어려움을 겪지 않을 것입니다. 이해가 됩니까?

Question

제가 영업을 하고 있는데 사무실에 안 나가고 집에서 재택근무로 해도 될 것 같아서 여쭈어 봅니다.

제가 하나 물어볼게요. 돈 벌려고 영업을 합니까, 내가 뭔가를 배우고 사회를 접근하기 위해서 합니까?

(맨 처음에는 돈 벌려고 했는데 정법강의를 듣다 보니 이제는 스승님 말씀해 주시는 대로 그렇게 가닥을 잡고 갑니다.)

바로 그것입니다. 내가 사회를 접근하는 방법에 따라서 잘 되게도 해 주고, 망하게도 해 줍니다. 내 것을 손해 보게 해서 아주 곤란한 지경도 만들어지는 거거든요. 그러니 집에서 하든 밖에서 하든 사람을 접하면서 하는 거예요. 여기서 '어떤 뜻으로 하느냐?' 이런 명분이 중요합니다.
앞으로 홍익인간들은 명분 없는 짓을 하면 안 됩니다. 뭔가를 하는 것도 좋은데, 그것을 하는 명분은 반드시 찾아야 합니다. 택도 아닌 명분으로 사회에 접근하면 누구든지 혼나고 어려워진다, 이 말입니다.

오늘의 이 대한민국은 질량이 약한 나라가 아니에요. 엄청난 질량을 가진 나라예요. 그런데 어설프게 이 사회에 접근해서 욕심을 이룰 수 있다고 생각을 한다면 아주 한참 착각을 하는 겁니다. 이것은 무식한 생각이에요.

천지창조 이래로, 이 대한민국은 질량을 이만큼 만들어 본 적이 없어요. 처음이에요. 엄청나게 우수한 질량을 이루어 놓은 겁니다. 여기에다 욕심으로 달려드는데, 일이 이루어질 것이라는 생각 자체가 사회를 너무 모르고 접근하는 것이란 말이죠. '이 사회에 내가 필요한 존재인가?', '조그마한 국수장사라도 하면서 나에게 주어진 인연이 있다면, 이 사회를 위해 조금은 노력할 수 있지 않을까?' 이렇게 아주 겸손한 마음으로 사회에 접근을 하면, 절대 어렵게 안 합니다.

지금부터 내가 만나는 인연들은 손님으로 오지만, 이 인연들한테 무엇을 할 것인가를 항상 생각하십시오. 이 인연들한테 무엇을 해야 되는지를 찾는 노력을 하면서 접근하라는 말이죠.

이러면 오는 사람한테 겸손하게 되고, 온 손님이 나를 아주 맑게 봅니다. 그렇게 되면 그들은 자연히 자주 오게 됩니다. 내가 노력하는 것에 따라서 그들은 자신들의 인연들을 데리고 오고, 따라왔던 사람들이 또 사람을 데리고 와서 나를 외롭지 않게 해 주고, 내 길도 다 열어 줍니다. 이렇게 손님이 손님을 물고 와야 되는 것입니다. 내가 그들한테 필요하게 할 때 손님을 데리고 오는 거예요. 손님은 내가 겸손하고 맑을 때 물고 오는 겁니다.

우리 국민이 전부 다 바깥에서 해결하는 시대가 되었어요. 그런데 손님이 없다? 택도 아닌 소리 하지 마세요. 밥을 먹어도, 커피를 마셔도 전부 다 밖에서 해결하는 세상이에요. 커피도 집에서 타 먹으면 맛이 없답니다. 돈이 없어도 돈을 주고 밖에 앉아서 커피를 먹어야 맛이 난데요.

그렇게 사람들을 바깥으로 전부 다 끌어내리는데 손님이 없고 설 땅이 없다? 그렇지 않습니다. 내 인연은 다 있어요. 인연들을 바르게 대하느냐, 모순되게 대하느냐에 따라 여기서 판가름 나는 것이지, 음식 솜씨가 좋다고 성공하는 게 아니에요. 아무리 솜씨가 있어도 너한테는 사람이 안 와요. 왜? 돈 벌려고 하니까.

손님이 오면, '손님을 위해 무엇를 할 것인가?'를 생각하는 사람과 '오늘 몇 명 와서 얼마를 벌었다'를 생각하는 사람과는 느낌이 달라요. 손님이 느끼는 센서가 다르다는 말입니다. 그래서 이동수가 나는 겁니다.

이제 창업도 좋고, 집에서 재택근무를 해도 좋습니다. 이렇게 사람과 통하고, 사회를 위해서 노력하는 사람이 된다면 무조건 성공합니다.

홍익인간들은 내 개인적인 삶을 위해서가 아닌 질 높은 방법으로 사회에 접근하는 겁니다. 이것이 수준 높은 생각입니다.

모자라면 배우고, 기운이 찼으면 사회를 위해 빛나게 살면서 사회를 이롭게 해야 됩니다. 이것이 사람을 널리 이롭게 하는 법이고, 이렇게 하면 누구든지 성공합니다.

YouTube 정법강의 3304-3305강

정법을 말하다